青少年走近领袖人物丛书 >>>

刘少奇的故事

罗范懿◎著

江西人民出版社
Jiangxi People's Publishing House
全国百佳出版社

图书在版编目（CIP）数据

刘少奇的故事 / 罗范懿著. — 南昌：江西人民出版社，
2023.1
（青少年走近领袖人物丛书）
ISBN 978-7-210-14366-6

Ⅰ. ①刘… Ⅱ. ①罗… Ⅲ. ①刘少奇（1898—1969）—
生平事迹—青少年读物 Ⅳ. ① K827=7

中国版本图书馆 CIP 数据核字（2022）第 243394 号

刘少奇的故事
LIU SHAOQI DE GUSHI

罗范懿　著

策　　　划：王一木
责 任 编 辑：张志刚　吴丽红
装 帧 设 计：马范如

江西人民出版社　出版发行
Jiangxi People's Publishing House
全国百佳出版社

地　　　址：江西省南昌市三经路 47 号附 1 号（330006）
网　　　址：www.jxpph.com
电 子 信 箱：jxpph@tom.com
编辑部电话：0791-86899133
发行部电话：0791-86898801
承　印　厂：江西润达印务有限公司
经　　　销：各地新华书店

开　　　本：787 毫米 × 1092 毫米　1/16
印　　　张：13
字　　　数：160 千字
版　　　次：2023 年 1 月第 1 版
印　　　次：2023 年 1 月第 1 次印刷
书　　　号：ISBN 978-7-210-14366-6
定　　　价：30.00 元
赣版权登字 -01-2023-19

前言

为深入学习贯彻落实习近平新时代中国特色社会主义思想、党的二十大精神，引导青少年践行社会主义核心价值观，帮助广大青少年树立正确的历史观、民族观、国家观和文化观，为他们打好精神底色，扣好人生第一粒扣子，江西人民出版社精心策划、隆重推出了主题阅读图书"青少年走近领袖人物"丛书，旨在让青少年通过阅读领袖人物的故事，树立爱领袖、爱祖国、爱社会主义的理念和感情，成为担当民族复兴大任的时代新人。

"青少年走近领袖人物"丛书包括《马克思的故事》《恩格斯的故事》《列宁的故事》《毛泽东的故事》《周恩来的故事》《刘少奇的故事》《朱德的故事》《邓小平的故事》《陈云的故事》共9册，选取领袖人物成长经历和革命生涯的感人故事，以小见大地向广大青少年介绍了他们的坚定信仰、高超智慧、深邃思想、乐观精神、伟岸人格和心系人民的伟人情怀。

这套丛书在语言风格和叙述方式方面，努力贴近青少年的阅读习惯及接受能力，力求以生动形象的小故事作为切入点，由浅入深地讲大道理，深刻而不失亲切，严谨而不乏生动，为读者呈现了一个个饱满生动的领袖人物形象。在版式设计上，注重舒朗大气，强化视觉冲击，以增强可读性、趣味性。此外，作者精心研究了各领袖人物的权威文献资料，注重选材精、形式活、事例美，意在完整、准确、生动地再现伟大领袖的本来面貌。总之，"青少年走近领袖人物"丛书主题突出、特色鲜明，兼具历史研究价值和文学艺术价值，是青少年革命传统教育和爱国主义教育读本，对世人理解、认识和学习领袖人物大有裨益。

少年强则国强，少年进步则国进步。当代中国青少年，既是实现第一个百年奋斗目标的经历者、见证者，更是实现第二个百年奋斗目标、建设社会主义现代化强国的生力军，赶上了大有可为、大有作为的美好时代。习近平总书记说："明天的中国，希望寄予青年。青年兴则国家兴，中国发展要靠广大青年挺膺担当。年轻充满朝气，青春孕育希望。广大青年要厚植家国情怀、涵养进取品格，以奋斗姿态激扬青春，不负时代，不负华年。"

希望广大青少年读者通过阅读和学习本书，将伟大领袖人物作为心中的榜样标杆，向他们看齐，坚持涵养进取品格、树立远大志向、刻苦学习知识、锻炼强健体魄，厚植爱党爱国爱人民的高尚情怀，用青春作笔写未来，在实现中华民族伟大复兴的生动实践中放飞青春梦想、书写人生华美篇章。

目录

1│分石榴

湖南望城、湘潭、宁乡三地交界的一片肥沃丘陵里，有个地方叫作花明楼。这里有一条距源头仅 10 公里的靳江蜿蜒流过，靳江又绕过双狮岭，与从毛泽东外婆家湘乡流来的一条小河汇合，穿过麒麟、狮子两山之间的峡口，再流经毛泽东家乡湘潭县，最后欢快地注入湘江、长江，汇入大海。

就在靳江花明楼一段，有一条不过 1 公里长的平缓丘陵的灌木林地带。其中有个地方叫炭子冲，此地因古人都爱在山中伐木烧炭而得名。就是在这个炭子冲的一间茅屋中，1898 年 11 月 24 日，一名男婴降生了。

这已是刘家第 4 个男孩，加上 2 个女孩，6 个孩子，吃起饭来满满一桌。父母为这个孩子起名绍选，字渭璜。因他在家族中排行第九，也就被家人唤作"九满"。

九满的父亲名叫刘寿生，母亲刘鲁氏是来自距炭子冲不远的一个叫顾庐塘的小村子。他们中年得子，大家都为九满降临添福气而开心不已，一家人其乐融融。

九满家中有60亩土地，刘寿生父子耕作了炭子冲30亩地，还在附近租种了15亩田，把离家较远的另外30亩田租给了别人耕种。因为父母勤劳俭朴，兄姊又都长成了劳力，家庭经济情况逐年好转。父母兄姊也疼爱最小的九满。父亲着意要让最小的九满多读点书，病重去世前，还向几个儿子交代，要让九满多读几年书，将来当个好郎中。

尽管一家人都宠着他，但九满并不骄纵，从小懂事明理，安分守己。在柘木冲读私塾的时候，先生朱赞庭一家特别喜欢他。

朱先生家的房前屋后栽了许多果树。每当树上挂满累累果实时，开口笑的红石榴、黄澄澄的梨子，这些都让孩子们馋涎欲滴，手痒难耐。难免有几个胆大的顽童悄悄伸手，爬上树去摘果实吃。可是有的果实未到成熟也被摘了吃，时常惹得朱先生发脾气。

但渭璜从不去偷摘先生家的果子，他用心读书，成绩总是第一。一天，朱先生摘了石榴树上那长在顶端，大且红得发亮的两个熟透了的石榴，奖给了刘渭璜。渭璜谢过先生，手捧一对笑开口的大石榴，走进了教室。

他伏在课桌上，用小刀将石榴切成小瓣，小瓣里的石榴籽纷纷滚落出来，晶莹剔透就像一只只眼睛。渭璜又把每小瓣和滚出来的石榴籽捧上，送给了同学们，一人一份。他还仔细数数石榴籽的多少，尽量给大伙分均匀。多数同学捧着渭璜分的石榴籽一个劲地欣赏，舍不得吃，只舔去石榴籽留在手上的糖汁。

朱先生赞赏地看着这一切。他从小渭璜身上，似乎也第一次发现石榴籽如此出奇：颗颗发亮、粒粒饱满……

"丁零零……"上课铃响起，朱老师从渭璜分石榴讲到古时的孔融让梨……教室里每个人的眼神都充满希冀！

2 | 洪家伴学

离炭子冲稍远一点有座远近闻名的洪家大屋。

洪家大屋的闻名，不仅仅在于它有三排九栋的砖瓦房，门口有石狮子，与周围低矮的小茅屋相比显得气度不凡，更在于这大户人家拥有很多土地，因为土地多，读得起书，称得上是书香门第。洪家先人曾出过清代二甲进士，在陕西、甘肃做过官；还有任翰林院国史馆编修的；还有人成为清末最后一科的举人。洪家历来重视对孩子的教育，为了让继承人洪赓扬受到好的教育，又专门选聘了一位受过新式教育的杨毓群来家里开设学堂，并招收附近的农家孩子来当伴读。

因为杨先生是当地有名的学者，领孩子前来报名面试的不少。刘家人也带渭璜赶来面试，最终渭璜因优胜而被录取。洪母还让渭璜与他儿子按当地风俗结为兄弟。

洪家学堂与别的私塾不同。这里的先生学贯中西，又对现代新式教育有所了解，教学内容和方法都有很大改变。杨先生不要求他们背诵"四书五经"，而是教他们国文、算术和自然知识。国文课上，杨先生会讲一些有趣的寓言故事，是以启发式的教学方法来教授指导。学生们学习兴趣浓厚，渭璜也学到了许多过去没有听说的知识。尤其是《今古传奇》《世说新语》《西游记》等故事书、图画书，让渭璜如鱼得水。在家里，受过长时间旧式教育的父亲禁止他阅读这些书，而在这里，渭璜可以随便看，不受任何限制。

在洪家大屋里，他还有一个新发现。洪家姑娘都不缠足，都同男人一样，而家中母亲、姐姐和炭子冲周围的女子都是小脚，这让渭璜感到很新奇。还有洪家的孩子放学后不用放牛、割草，成人男子也不下田耕地。他们不劳动却生活得比别人好得多。

父亲是读书人，受过不少教育，为何禁止他读那些他喜爱的书？炭子冲，甚至花明楼的女人都是小脚，为何洪家女人可以不缠足？为何洪家大人和小孩子都不干活，日子反而过得更好，而日复一日辛苦耕地的人却生活得苦巴巴？洪家出了不少当官的人，男女老少都能读上书，田地多、房子大，这都与做官、读书有关系吗？田地为什么都归他们呢？11岁的渭璜一边欣赏洪家大屋，一边又被这些问题塞满了头脑。由于理不清头绪，他不免烦躁甚至反感。

一天，当得知洪家学堂教的不是"四书五经"时，父亲非常不满。他要带孩子回炭子冲，宁可让孩子辍学。渭璜虽然觉得在洪家学堂当伴读收获不小，但因这里有许多留在心中解不开的结，他也乐意随父亲回炭子冲去，回到原来的小伙伴中去。洪母却为孩子失去了一位"好兄弟"、好学伴而深感遗憾。

3 | 山那边

在私塾学堂里，渭璜有个要好的同学叫周祖山。祖山与渭璜的家只隔一座山。山这边是炭子冲，山那边是首自冲。

这两个孩子的感情笃深，不是兄弟，胜似兄弟。渭璜辍学后，父亲不幸病逝，他的心灵遭受了沉重打击，大病一场。祖山每天抽空来山这边看渭璜，陪他聊天，叫他等病好了到山那边去玩、去看书。祖山说他父亲最近整理好了一批书送回了家。渭璜听说祖山家有许多书，病情似乎突然就好转了，不时也发出爽朗的笑声，丧父的阴霾也逐渐从心中散去，他的身体也逐渐好起来了。

家人遵从刘寿生的遗嘱——不能让渭璜辍学，母亲便送他去了离炭子冲不远的花子塘二姐家寄读。这里的塾师杨先生叫杨寿吾，是个比较开明的人。他除了给学生教一些经书外，还讲中国历史上改朝换代的英雄故事，渭璜学得很有兴趣，学业长进很快。

这时，私塾教学已不能满足渭璜的求知欲望了，他在二姐家寄读的时候心里也老惦记着周祖山家里的书。

周祖山的父亲周瑞仙是位具有进步倾向的知识分子，在日本留学期间加入了孙中山先生领导的同盟会。回国后，他先后在长沙、厦门等地任教。周先生对孩子的教育既严格又宽松。他把自己以前在国内上学时读过的书和在日本留学时买的书，都分类整理好，供孩子们阅读。这些书门类俱全，有国文、算术、历史、地理、物理、化学、生理卫生等。

渭璜除了会向附近人家借书读之外，还常抽空去周祖山家中读书。祖山每次听到渭璜从远处传来的喊声时，就会放下手中的一切，一路飞跑着赶去冲口迎接。随后两位好同学便会肩并肩地回到书房……渭璜在同学家中所存的国文、历史书中，认识了卢梭、华盛顿、瓦特、达尔文等一批外国政治家和科学家，还知道了康有为、梁启超和谭嗣同等人物。

从此，山的那边像磁铁一样对渭璜产生了很大的吸引力。好同学加好书屋，让他入了迷，渭璜常常读书读得很晚，于是饭也在同学家吃，夜里也与同学一起睡。睡下时，俩人常在床上讲述白天在书中读到的人物故事，讲到有趣的地方，他们便忍不住捂嘴笑或在被窝里打闹……

4 | 碾坊"偷光"

　　母亲知道小渭璜爱读书学习，特意腾出紧邻屋后小山的一间僻静小屋，做其"书房"。小屋长不到1丈，宽仅5尺，夜阑人静正是他读书时，家人都不会去打扰他。

　　渭璜常常从别人那里借来一摞摞的书，由于得及时还给人家，他往往在小屋里通宵达旦地阅读。一天凌晨，母亲发现后面的小屋还有灯光，原来是渭璜仍在如痴如醉地读书。她心疼孩子，怕影响孩子的身体，只好控制了灯油，每晚上只发给渭璜半盏灯油。

　　渭璜每天晚上只阅读半盏灯油的时间，实在不过瘾。怎么办呢？他发现附近的碾坊里透出灯光，于是拿起书兴冲冲地跑过去了。

　　"呵，渭璜手里又是本什么好书呀？"碾坊的熊师傅见到小渭璜进来，高兴地问。

　　渭璜告诉熊师傅："是《今古传奇》呢。"

"爱读书的孩子是好孩子。读到好故事也讲给我听听呀。"熊师傅接过书翻翻，苦恼地摇摇头，"光眼瞎呀，大字不认得，小字墨墨黑。真羡慕你们读书人呀。"

渭璜接过书，连忙说："熊师傅，我以后晚上来你碾坊看书，要得吗？看到好故事，我一定讲给你听。"

"好呀好呀，只要不怕我干活吵了你。"熊师傅马上搬来小凳子放在灯下，高兴地说，"坐这里吧。光太暗别看坏眼睛。"

渭璜道声谢谢就抓紧看书了。后来，渭璜还同熊师傅达成了"偷光"的协议：渭璜读到好故事就复述给熊师傅听，但熊师傅不能告诉渭璜的母亲，渭璜每天晚上上半夜都来这里看书的事。

母亲控制了他的灯油，不准他通宵看书，但他的书都是借人家的，要按时还，所以母亲给他的灯油，他只好留在下半夜看书了。

此后很长时间，炭子冲屋后那小"书房"通往小园子的后门，就成了渭璜夜里"偷光"读书的通道。在那碾坊有节奏的劳动声里，不时还伴有渭璜说故事的声音……

5 | 誓雪国耻

1913 年 7 月，渭璜以总分第一的成绩考取了宁乡县第一高等小学（亦称玉潭学校）。玉潭学校的地理老师名叫梅冶成，他巧用地理课进行爱国主义教育，对渭璜影响较大。梅老师在地图上挥动教棒，告诉学生们：我国领土被西方列强不断蚕食、掠夺，其中日本也对我国虎视眈眈；而袁世凯独裁政府与腐败的大清王朝一样，只知道向外国主子屈膝，将祖国大好河山拱手送人。中国，已处于灭亡的边缘！

听得渭璜热血沸腾，他意识到：国难当头，匹夫有责；国贼不除，国家无望。渭璜写了一篇檄文并被国文老师公布在校刊上，在全校引起很大反响。

1915 年 5 月 7 日，日本向中国发出了最后通牒，限中国在 5 月 9 日前答复日本的无理要求。

5月9日，袁世凯不顾全国人民的反对，在玩了一通"交涉"花招之后，将灭亡中国的"二十一条"无理要求接受下来了。

消息一经传出，顿时举国悲愤。各地相约以5月9日为"国耻日"，学生和工人、商户纷纷游行、罢工、罢课、罢市。渭璜和贺执圭等同学听到消息后，当即刺破手指，含着热泪，在白纸上写下了"誓雪国耻""毋忘国耻"的血书。

在梅冶成等老师的支持下，渭璜等带领全校400多名学生走出校门游行。他挂着"毋忘国耻"的牌子，手持"内除国贼，外抗强权"的小旗，高呼口号，走在游行队伍的最前面。他还爬上龙王庙戏台，向群众和游行队伍发表演说。

别看他平时文质彬彬、沉默寡言，此时却是慷慨激昂，面对台下黑压压一片各界爱国群众，他沉着镇定，声音洪亮，挥手握拳，人生第一次面向公众慷慨陈词：

同胞们！我们中华民族，是历史悠久的民族；我们炎黄子孙，是世界上智慧聪明的人种；我们中国，素称东方大国。但是，自鸦片战争起，我们累遭外国列强侵凌欺侮。人家每次打进来破坏了我们的家园，我们还得给人家赔礼道歉、赔款割地！世界上能有这样的不公平的事吗？最近十多年来，自甲午以后，外侮纷来。中日之战、日俄之战、八国联军之役，去年青岛之战，哪一次不是把我们中国当鱼肉，任凭外国强盗来斫斫宰割呢？这是为什么？我们的国家积弱不振，一盘散沙，我们的政府昏聩无能，甘心卖国！如今，区区五千万人口的日本，竟然对我四万万同胞的大国以亡国的"二十一条"相要挟，欲灭我中华民族，绝我炎黄子孙，我们能甘心忍受吗？今年5月7日，我们蒙受这种奇耻大辱，我们永世永代，子子孙孙绝不忘记！同胞们，猛醒起来，中华民族到了最危险的时候了！同胞们，行动起来，打倒卖国贼！赶走日本和各国强盗，同胞们，努力奋斗啊！

6 | 刻印更名

　　渭璜又和同学们一道组成了抵制日货的宣传小组，走进店铺劝商家推行国货，抵制日货。此时，学校却在校门口张贴布告，禁止游行和查禁日货活动。渭璜组织同学抗议，并愤然捆起书籍、行李离开学校，住进了郊外旅店。学校竟然牌示开除渭璜等几个带头的学生。这样便激起更多同学的不满，大家纷纷搬起行李走出了校门，分散在校外旅店、同学家、熟人家住。学校当局为不使事态扩大，只好收回成命，撤销对渭璜等几个领头同学的处分。同学们这才陆续回校。

　　不久，玉潭学校的学生也见不到梅老师来上课了。原来学校也悄悄辞退了他。梅老师此时住在学校后面飞凤山腰的文昌阁，渭璜和几位同学每天课余和周末都赶到梅老师隐居的地方，听梅老师讲班超、马援、岳飞、文天祥、李自成、孙中山、黄兴等爱民救国的英雄人物故事。

其中孙中山、黄兴的故事给他留下了深刻的印象。他认为孙中山高瞻远瞩，气魄不凡，文武兼备，学贯中西，为取得革命成功百折不挠，是全国人民公认的领袖；黄兴统帅军队，勇猛刚强，功勋卓著，是辅佐孙中山开创民国的元勋。但他不解，为何孙、黄这些爱国志士被当成"捣乱分子"通缉，袁世凯这个卖国贼反而夺得国家最高权力？他认为，国家只有让孙、黄主政才有希望！

听了梅老师的故事，渭璜暗暗发誓要追随孙、黄，为挽救中华民族的危亡效劳，并不惜贡献自己的一生。为了表示自己保卫炎黄子孙的决心和志向，他毅然将自己的名字"渭璜"改成"卫黄"。在全部书本、笔记本的封面上都重新用工整漂亮的毛笔题写"刘卫黄"这个名字。

这还不够，他还用业余时间精心雕刻了一枚刻有"刘卫黄"三个字的大印章，并把它盖在他自己收藏的《资治通鉴纲目》和《了凡纲鉴》等书上。一名 17 岁的少年的那颗赤诚滚烫的爱国爱民族之心，凝聚于方寸印鉴之上。

7 | 习武酬志

《孟子·告子下》中的一段话时常在卫黄脑海里回响：

故天将降大任于是人也，必先苦其心志，劳其筋骨，饿其体肤，空乏其身，行拂乱其所为，所以动心忍性，增益其所不能。

刘卫黄还能复述老师讲解这段文字时的原话："这就是说，人要承担国家民族复兴的大任，必须反反复复经受艰苦的锻炼、修养，积极地进取，不能消极地退让……"

一天，吃完晚饭后，卫黄走出玉潭学校，看到附近街市上，人们正团团围了个大圈看热闹，他也挤了进去。一个卖艺的汉子正拱手对围观的人说："各位，有钱的捧个钱场，没钱的捧个人场。在下表演的是祖传少林硬气功，请各位赏脸。"说完，他抢起锋利雪亮的菜刀将小木棍像削萝卜一样一截截地削断，然后右手抡起菜刀朝自己赤膊的左胸脯上用力劈砍，一次又一次。他的胸脯像是打足了气的皮球一样，砍下去一弹一弹的，连个刀印也没留下。

卫黄回到学校反复思忖：看来真要苦练，苦练才能见硬功夫。要担当大任就得有点真功夫、硬本领，要能文能武才行。如果连自己都保护不了，怎能担当国家民族大任，保我炎黄子孙？

于是，卫黄的心里便有了练武的念头。放了寒假，他先后拜了两位民间武术师傅，学气功、扎马步、蹲马桩、打沙袋。回校后，他在寝室里挂上沙袋，练习击打，并且逐步增加沙袋的重量。后来他竟能同时打4个30斤以上的沙袋，这让同学们看花了眼，以致几个同学也跟着他一起练了起来。

一个晴朗的周末，他同表哥一起去双狮岭游玩，发现小煤矿的空坪里围了一大群人，便拉着表哥挤了进去。进去一瞧，他们便大吃一惊，发现张二叔竟然被绑在大树上，一个满脸杀气的工头正用皮鞭狠劲地抽打他。那个工头一边打还一边凶狠地说："谁让你偷锅巴，还偷不偷？说！"

张二叔的嘴角流淌着鲜血，衣服被鞭子抽裂成一条条的，脸上、身上都布满了血印。卫黄的心猛一紧缩，他马上回想起张二叔那天买米的事。前几天，张二叔来到卫黄家买米，卫黄趁家人不注意，偷偷地给他多量了几升。第二天，厚道的张二叔却把多量的米送了回来。卫黄问他："你干什么还退回来呢？"二叔说："这米是给矿上买的，我家再穷，也从来不去捞别人的油水。"

卫黄不相信张二叔会是偷东西的人，他向旁边人问明了情况。原来，张二叔每天少吃一顿饭，是想为家里的孩子省下来，但省下来的饭容易馊，他只好把饭换成锅巴，存到星期天再带回家给孩子们熬粥喝。可凶残的工头就是不信，认为张二叔就是偷了他家的锅巴。

卫黄怒火中烧，他冲上前，抓住工头的鞭子，并冲着工头大喊："不许打人！他是好人，他不是贼，你不许打他！"

工头见卫黄是一个十多岁的孩子，哪肯听他的，并恶狠狠地说："快给我滚开，用不着你管！"

"我就要管！你诬陷好人，还把人打成这个样子，良心何在？公理何在？"说着，卫黄还想要夺下他的皮鞭。

"什么公理？我是工头，我管他，我就是公理！"工头举起鞭子就要向卫黄劈来。

卫黄赶紧向表哥递个眼色，一个马步蹲下，躲过鞭子，并准备好好教训一下这个蛮不讲理的工头。在场的人见少年年轻气盛，亮出武功，周围零零落落响起了掌声，并伴着叫好声。

工头见少年马步姿态，功夫不浅，觉得自己不是卫黄对手，加上工场群众的声援，便找了个借口，灰溜溜地逃跑了。

卫黄赶紧解开张二叔身上的绳索。张二叔拉着卫黄的手，饱含泪水，说不出话来。周围的群众纷纷向卫黄竖起大拇指，不禁赞叹道："真是英雄出少年呀！"

8 | 救助乡亲

　　除了耕种自家的 30 亩土地外，卫黄的母亲还领着孩子们租种了一些田地。另外，卫黄家又与人合股包办了附近清溪煤矿工人的伙食，每天需从外面籴谷进来，然后舂成大米后送往煤矿。同时，也会少量地供应附近的农民，从中赚取一部分酬劳。逢年过节，家里还做米酒卖。因此，家里不仅自给自足还略有富余。每当卫黄在家，附近的乡亲来买酒，他总是会将酒壶装得满满的，有时连钱都不收。

　　除夕，来木塘的戴二阿公拎着几串铜钱，带上酒壶和背箩来到炭子冲买酒买米过年。正巧遇上卫黄在家，卫黄把阿公酒壶、背箩都装满，又把铜钱全部塞进了阿公的口袋。戴二阿公靠打短工维持生活，家境贫困，挣来几串铜钱不容易，卫黄一再推让不收，要老人自己留着。阿公拿着钱不知如何是好，卫黄便宽慰他说春节去拜年时自己再喝回来。阿公只好弯腰道谢。

窑塘托的曹九嫂离炭子冲很近，卫黄知道她没有儿子，丈夫劳力也差，家里还有老人要照顾，生活困难。她来炭子冲买过一次米，正遇上卫黄在家，卫黄没有收她的钱。第二次她硬要把钱付上，卫黄便收了钱，将装满米的背篓交给她。等她回家倒米时却发现米中有一串铜钱，原来是卫黄把钱偷偷放进米里，还给了她。九嫂摸着铜钱，眼中噙满热泪地对乡亲们说："九满读了一肚子好书，心向着我们穷人。真是少有的好孩子！"

一次，武公塘的周师傅在卫黄家门口徘徊。被在外晨练拳术的卫黄看见，他看出周师傅有心事，便立即赶过去。周师傅常被他家请来修盖茅屋，是个好工匠。卫黄得知他欠公堂两石积谷，团总催他立即送还，周师傅正是为此事发愁。卫黄安慰他莫急，要他先回家吃了早饭，再推上土车过来。上午哥哥外出，卫黄给周师傅满满地装上了两石谷子，还推车送他出了院门。

卫黄乐于助人的事情，家里人慢慢知道了。七哥便骂他是"败家子"："我一点一点往里挣，你却一筐一筐地往外扒，就是万贯家财也会叫你搞空呀！"全家人都怨他，孤立他，他只好愤然地夹被带书去山那边的同学家住了，在同学父亲的"书屋"里自修，并带着十多个同学一起练习武术。

他一边自修一边练武，还一边思索怎么才能真正救助穷苦乡亲。

9 | 更名表心志

卫黄在校课外活动很多，可他的功课一刻没有放松，在玉潭高级小学毕业考试中他夺得全年级第一名。学校虽然有保守分子对他的激进言辞和爱国行动不满，但在多数老师的坚持下，他仍然获得了学校的嘉奖，学校也派人敲锣打鼓地把一封大红喜报送进了炭子冲。

卫黄和同班好友贺执圭、任克侠在长沙参加中学入学考试，被长郡中学、长沙一中录取。当他们得知宁乡县驻省中学在招 5 名插班生时，三个人便同时选择了学费便宜、插班早毕业的驻省宁乡中学，插入该校二年级二期第五班。

1916 年 10 月和 11 月，辛亥革命主要军事领导人黄兴、蔡锷相继病逝。卫黄多次到灵堂吊唁，并记诵了 300 多副挽联。悲痛中，他决心效法黄、蔡，毅然中止中学学业，弃文从武，考入湖南讲武堂。可惜天有不测风云，时值护法战争开始，讲武堂不幸被战火烧毁，湖南新任督军张敬尧随即下令解散了这所军事学校，卫黄失学回家。

卫黄在家与七哥等人已有积怨，在校也喜忧参半，尤其是在校带头组织"闹事"，一直让家人头痛。家人趁其失学之机，为了不让他在外再"闯祸"，拴住他安分守己地过日子，强迫他与邻村麻雀塘周氏结婚。刘少奇坚决不同意这桩婚事。不久，即向周氏提出断绝婚姻关系。随后，他直奔长沙，终于在长沙师友的帮助下插班进入了一家私立中学——长沙育才中学。在这里他对同学张子珩说："我要改名，改为少奇，我觉得应当少小就立奇志，即使抛头颅、洒热血，也要为国家、民族的振兴献出自己的一切。"从此，"渭璜"的名字由"卫黄"再次改名为"少奇"。

因拒绝婚姻之事，刘少奇与家庭的矛盾日益加深，经济上也面临危机，同时亲戚和乡邻也误解他，甚至指责他。面对国家危难、家庭责难，刘少奇迫切需要找到一条救国救民、实现自己抱负的路。

10 | 踏上留学之路

1919 年，五四爱国运动爆发。5 月 23 日，毛泽东刚从北京经上海回到长沙，便立即组织领导新民学会会员声援北京学生爱国运动。学会会员走进校园散发传单，同时湖南商业专科学校、湖南工业专科学校、楚怡工业学校、湖南法律专科学校、长沙第一师范学校、明德中学、周南女校等学校的学生代表们在毛泽东的联络组织下，于 5 月 28 日成立了湖南学生联合会，并号召全省学生实行总罢课。罢课得到了长沙市及许多县立学校的纷纷响应。学生爱国运动席卷湖南全省。

6 月底 7 月初，育才中学毕业考试刚结束，还没领到毕业证书，少奇便迫不及待地同几位同学直奔全国学生运动中心——北京。通过同乡关系，他与北大的同学取得联系，参加了北大还在继续的学生爱国运动。他们去天安门广场游行示威，并坚持在广场风餐露宿好几天。

在北京，他尝试过三条成长之路：一是报考北京大学。当时的北大是全国最高学府,是新文化运动和五四爱国运动的策源地,是千万学子向往的地方。刘少奇以优异成绩被北大录取了,但因学制长(6年)、学费昂贵(每年几百块大洋),家里不支持而被迫放弃。二是考入了一所免费的军事学校,他也未去读。三是毛泽东组织湖南学员参加全国的留法勤工俭学运动吸引了他,到西方那个空想社会主义思想的故乡去,去学习科学技术和革命理论,成为他最后的选择。

刘少奇被介绍进入了河北省保定市育德中学留法预备班学习。毛泽东、蔡和森为组织湖南学生留法培训曾来过育德中学,后来他们又为湖南学员留学差旅费四处求助,可惜其间他们并未相遇。刘少奇花费一年时间在育德中学半工半读,除了技能的学习外,还广泛阅读陈独秀主办的《新青年》、李大钊主办的《每周评论》和毛泽东主办的《湘江评论》等马克思主义进步刊物。陈独秀的《社会改造的方法与信仰》、李大钊的《庶民的胜利》《布尔什维克的胜利》《我的马克思主义观》、毛泽东的《民众的大联合》等文章,让他的马克思列宁主义信仰开始树立起来,对俄国十月社会主义革命和布尔什维克党也有了一定的了解。于是,他从去法、俄留学的选择中选择了俄国,从保定到长沙,又从长沙到上海,最终踏上了去苏俄留学的万里征程。

11 | 见到列宁

旅俄留学，一路历尽艰辛。1921年初夏，刘少奇、任弼时、萧劲光等一行人终于到达莫斯科。

此时，莫斯科正在召开共产国际第三次代表大会，他们被安排进了代表们住的旅馆里。第一次同这么多外国朋友们住在一起，尽管还有语言上的障碍，但他们仍然感受到一种心灵相通的大家庭的温馨。尤其会议还安排他们作为东方民族的代表，轮流参加了会议旁听。

人生第一次参加这种世界性的大会，同世界各国无产阶级领袖和工人阶级代表们济济一堂，共商国际大事，这几个来自东方穷苦人家的孩子内心的兴奋之情无以言表。他们虽然坐得离会议主席台较远，但分明看见了主席台中央一个天庭闪亮的人，听会议主持人介绍，他正是令人仰慕已久的世界无产阶级革命领袖列宁同志，顿时全场掌声雷动，代表们都站了起来，并久久不肯坐下。列宁做报告了，俄文基础不好的刘少奇，还听不懂列宁讲话的具体内容，但他从列宁洪钟般的声音，那手臂千钧一挥的动作中，感受到了列宁的巨大气场，他被这个气场深深地吸引着……他眼睛一眨也不眨，聆听列宁的报告，兴奋至极时也情不自禁站起来，甚至和其他代表一样站到椅子上，爬上桌子，为列宁的演讲尽情鼓掌、欢呼。

尽管此前，刘少奇只在上海外国语学社学了几个月的俄文，听、说、写都很吃力，但置身于这样一个崭新的世界，在如此隆重、庄严、神圣的世界性大会上，他却真实地体验到了《共产党宣言》中所说的"一个游荡于欧洲的怪影""一个幽灵，共产主义的幽灵，在欧洲游荡"，感受到"全世界无产者联合起来"的巨大威力。

参加共产国际第三次代表大会，见到世界无产阶级革命导师列宁，这对刘少奇而言是一个莫大的荣幸，巨大的鼓舞，他感受到了无穷的力量，内心久久不能平静。

12 | 在东方大学入党

共产国际第三次代表大会闭幕之后，刘少奇被分配进入刚成立的莫斯科东方劳动者共产主义大学学习。

这所大学是列宁领导的第三国际为培养苏联东部地区和远东各国的无产阶级革命者而创办的。学生大多来自苏俄远东各少数民族，部分来自远东各国，如中国、日本、朝鲜等。中国学生人多，单独编为中国班，有刘少奇、罗亦农、任弼时、萧劲光、彭述之等三十多人。

课程大都由俄国教师任教，在苏俄采访的瞿秋白也曾担任过政治理论的授课。课程有《共产党宣言》、《共产主义 ABC》、《青年团的任务》、俄共党史、国际共产主义运动史、西方革命史、哲学、政治经济学以及关于工会运动的知识等。

学校坐落在莫斯科市中心特维尔大街附近，是一栋五层楼的教学楼房，房间宽敞、环境优美，站在五楼顶可俯瞰耸立有普希金铜像的一个广场。因校园空旷，保卫的任务也比较重。刘少奇他们白天上课，晚上站岗放哨，星期六还要参加义务植树活动。

同学们都是 20 多岁的小伙子，正是身体发育期，尽管他们享受了当时苏联红军最好的生活待遇，但也还是每天每人只能得到两块黑面包，一天只能吃两餐。同学们明显营养不足，饥肠辘辘，身子很快消瘦下去，健康状况越来越糟，有的人爬上四楼的教室都很困难。好在刘少奇少年练武，比其他同学多几分力气。

有同学苦闷后悔了，提出要回国。刘少奇也消瘦许多，他却一直表现出习武之人的坚定，认为困难是暂时的，一场伟大的革命是不可避免的，现在正是锤炼人意志的时候。他鼓励同学，团结互助，克服困难。他每天还苦撑着从四楼爬上五楼看普希金铜像，向广场呼唤几句充满希望、鼓舞同学们士气的口号。他还带头发奋学习马列主义理论，注意处处为同学们做表率。

1921 年冬，刘少奇与罗亦农、彭述之、卜士奇等一起，由中国社会主义青年团团员转为中国共产党党员。刘少奇面对党旗，举起那练过武功的右拳，光荣宣誓。他从此担任中共旅俄支部委员，成为中国共产党最早的党员之一。

13 | 激荡的清水塘

1922 年春，在苏俄留学一年的刘少奇被中共中央抽调回国。他从莫斯科返回上海时，正值中国共产党在上海筹备召开第二次全国代表大会。刘少奇秘密参加了会议的筹备工作，公开的身份是在上海平民女校担任理论教员。

7 月，按照中央的指示，刘少奇携带中共第二次全国代表大会通过的文件，秘密踏上返回湖南的征程。一路溯长江而上，心情同拍打船舷的浪花一般：离开家乡两年了，为寻找救国救民的真理，不顾家人的反对，漂洋过海，终于找到了自己真正的心灵家园，从一个民主青年成为一名共产主义者，身上担子重了，此次返乡肩负组织重托，任重道远……

他回到长沙，顾不上回家探望母亲，便直奔清水塘，找当地的党组织接头。

中国共产党在湖南地区的领导机关叫中共湘区执行委员会，成立于 1922 年 5 月，书记是毛泽东。这一时期，中国共产党将主要精力放在工人运动上，所以毛泽东还兼任中国劳动组合书记部湖南分部主任。劳动组合书记部是中共中央领导工人运动的工作机构，它在各区设有分部。湖南分部的共产党人还有何叔衡、易礼容、李立三、郭亮、夏明翰、李六如等。

清水塘位于湖南省会长沙市郊的小吴门外，因在一大片绿茵茵的菜园和草地旁边，有一口面积不大、清澈见底的池塘而得名。池塘一侧有一座普通的青砖小平房，门牌上写着：清水塘 22 号。中共湘区执委会机关就设在这里。湘区执委会支部书记毛泽东和夫人杨开慧也住在这里。毛泽东的公开职业是湖南第一师范的国文教员。

刘少奇抬头看了一眼"清水塘 22 号"的门牌，心情激动地迈入了平房的小厅堂。他在《湘江评论》上多次读到过毛泽东的文章，毛泽东的谈吐、才学、胆识、组织能力令人佩服。韶山、宁乡这两位乡邻兄弟终于初次见面了，清水塘的斗室里两人的手紧紧地握在了一起。

刘少奇首先向毛泽东转交了陈独秀所托的第二次党代会的文件资料。毛泽东见面就打听刘少奇是怎么去的苏联留学。谈话间，原来作为乡邻，刘少奇的人生经历竟与毛泽东有着惊人的相似：同为农民的儿子，同为生活宽裕的家境，都经历过包办婚姻，都有过艰辛的求学经历……两位怀抱共产主义理想的同志相见恨晚，自此相交，这一交便相交一辈子。

傍晚，他们沿着清水塘在垂柳树下漫步，微风拂柳，池水荡漾，他们聊家常，谈学习经历。刘少奇汇报在苏联的留学生活、见到列宁的幸福；毛泽东介绍湘区执委的基本情况，谈当前的任务、将来的打算……信心、笑声让清水塘涟漪激荡。

夜间，清水塘的小屋子里，毛泽东召集何叔衡、李立三同刘少奇见面，并一起开会讨论了当前形势，研究由湖南省学联发起成立湖南各公团联合会，结成统一战线组织，与军阀赵恒惕政府开展合法斗争。刘少奇当即被任命为中共湘区执行委员会委员，他愉快地服从党组织和毛泽东的安排，参与领导发起工学商联合会工作，并部署长沙土木工会的成立。

杨开慧为他们烧水沏茶，里外关照。小平房里通宵的灯光映照着清水塘的粼粼波光。

14 | 安源大罢工

经过辛勤努力，湖南工学商各公团联合会正式成立，刘少奇和李立三、夏明翰等出任干事。9月9日，刘少奇配合郭亮发动组织粤汉铁路（武汉、长沙段）工人罢工斗争，实现了粤汉全线联合"争自由、争人格、争人权"的罢工壮举。正当刘少奇在粤汉铁路工人队伍中看到激动人心的全线罢工的时候，忽然接到湘区委员会要他紧急回长沙的通知。毛泽东要调他去安源，借粤汉铁路工人罢工的东风，加强安源路矿工人罢工的领导力量，促进安源路矿工人运动掀起新高潮。

刘少奇身披粤汉铁路罢工的风尘，又满怀激情地奔赴安源。

安源是江西省萍乡县城东南 6 公里处的一个古老矿区，处于湘赣两省交界处。萍乡煤矿是当时全国十大厂矿之一，是与北方开滦煤矿齐名的中国两大煤炭基地之一，被誉为"江南煤都"，也是 20 世纪初中国最早的官僚买办企业——汉冶萍公司的重要组成部分。汉冶萍公司是当时全国最大的近代工业企业和唯一的钢铁煤联合企业。这个公司后来逐步被日本控制。所以，近代中国的主要矛盾，即帝国主义和中华民族、封建主义和人民大众的矛盾，在这里显得格外尖锐和错综复杂。

当时，安源路矿工人有两部分，安源煤矿拥有12000多煤矿工人，株萍铁路局拥有1000余铁路工人。此外，安源矿区经常有失业工人四五千人，其人数之多、集中程度之高，当时在全国很突出。

安源煤矿工人所受的压迫和剥削极为深重。工人每日工作12小时，井下工人分住4个地区，一间房屋丈余宽、两丈余深，50余名工人挤着住。房中空气质量差，地面潮湿。工人吃的食物如猪泔水一般粗粝。工人的洗澡池"直等于一小市之泥沟，实为世间绝无仅有"。工人工资低得可怜，且被层层剥削，被剥削部分是工人所得工资的一倍以上。矿局职员常常无故殴打工人。对工人稍不如意，即滥用私刑，跪火炉、背煤球、抽马鞭等。井下工人更是无生命安全可言。"人牛而如此，诚奴隶牛马之不如矣！"

中国共产党成立之后，毛泽东首先把目标转向这里，先是李立三协助毛泽东在安源多次考察，并办起平民学校，成立社会主义青年团支部和工人自己的组织——安源路矿工人俱乐部。刘少奇来协助工作时，这里因粤汉铁路和汉阳铁厂工人罢工形势的影响，工人俱乐部为争合法地位、提高待遇，已与路矿当局形成对峙。震惊全国的大罢工犹如箭在弦上！

刘少奇搭车赶到安源，立即开会听取发言，统一认识，分析形势和斗争策略，确定时机。李立三任大罢工总指挥，秘密策应；刘少奇任工人俱乐部全权代表，长驻俱乐部，公开应对一切。

路矿当局拒绝接受工人提出的"最低限度之要求"。9月14日凌晨，安源车站的汽笛声陡然划破寂静的夜空，传遍整个矿区。紧接着，修理厂、八方井矿区也汽笛长鸣，天地震动，工人在向世人宣告：安源路矿工人大罢工开始！

工人们高举斧头、岩钎，挥舞旗帜，从矿井、工棚、车间中如潮水般涌出，大声高呼："罢工！罢工！""工人要活命！""从前做牛马，现在要做人！"

安源工人俱乐部发表《萍乡安源路矿工人罢工宣言》，并提出改善待遇、增加工资、组织工会等17项合情合理的要求。

15日，路矿当局不得不派全权代表到商会，同俱乐部主任李立三、俱乐部全权代表刘少奇进行了第一次正面接触。当局坚持先复工后谈条件。李立三、刘少奇断然拒绝，明确说明只有答应了工人的条件才能开工。

当局收到俱乐部送达的第二次宣言后，决定以武力胁迫俱乐部领导人下令复工。16日上午他们派出戒严司令的副官到俱乐部，以路矿两局名义邀约全权代表刘少奇去戒严司令部谈判。

"刘代表，那是黄鼠狼给鸡拜年，没安好心，你去不得呀！"

“老爷们在设‘鸿门宴’，去，等于进了虎口呀！”

…………

许多工人在为刘少奇担心。刘少奇双拳紧握，心想：自己当年练拳棍、练沙袋干什么。若他戒严司令胆敢胡来，这不正是为了穷苦弟兄们的利益而用武功的时机吗？

刘少奇再三考虑后，谢绝了大家的好意，决定孤身走险。他面对涌向俱乐部的工友们，激动地说：“工友们，你们都是关心我的安全，我心里感谢大家。但是，我们今天是为了生存活命而罢工，义无反顾呀！为穷苦兄弟们办事，为工友们谋利益，就是下刀山上火海我也去！革命就要不怕死！但我一定会注意安全，请大家放心。我们的目的，就是要使当局承认我们提出的 17 条要求，承认我们工人也是人，要过人的生活。现在，路矿当局提出同我们谈判，若我不去，正中敌人诡计，反说我们无理；如果我们去了，他们无诚意谈判，也可以揭穿他们的诡计。我正好利用谈判的机会同他们面对面斗争。谈不成，工人不复工，矿里出不来煤，他们也下不了台。俗话说‘不入虎穴，焉得虎子’！”

工人们簇拥着刘少奇来到公务总汇和戒严司令部。刘少奇向工人们招手，镇定自若地转身穿过大门两侧走廊荷枪实弹的士兵队伍，冷眼逼向那台阶两边架着的机关枪，进入大楼，只身来到谈判室。

戒严司令李鸿程正威严地坐在谈判桌主位，见进来的不过是个文弱书生，便威吓道：“你们为什么鼓动工人作乱？”

刘少奇用鄙夷的目光扫了一眼周围所有的人，正气凛然地申诉罢工的理由，并向李鸿程厉声质问："你们究竟是谈判还是审问？是解决问题还是想把问题搞大？"

刘少奇诉说起工人的生存状况，激动得双腿和拳头都禁不住颤抖，语言和目光都像匕首一样逼向了在场的每一个人。

会场里其他人都面面相觑，空气顿时紧张起来。

李鸿程和矿长李寿铨只好缓和语气，提出些具体问题要刘少奇答复。刘少奇除了告知工人罢工已经做好了设施的安全保护工作之外，别的一概拒之。

"不从磋商条件入手，只谈复工，问题没有解决的可能！"

谈判室气氛愈发紧张。李鸿程凶相毕露，气急败坏地吼道："如果坚持作乱，就将你这个代表先行正法！"

"这是一万多工人的共同呼声，即使把我这个代表矸成肉泥，问题同样不能解决！"刘少奇毫不畏惧，语气更是斩钉截铁。

李鸿程站了起来，暴跳如雷，威胁说："我对这万余工人有法子制裁，我有万余军队在这里！知道吗？"

刘少奇拍案而起，厉声着指向李鸿程："你有一万余军队，我们有一万余工人，你们去制裁吧！"

副矿长和驻军参谋长进屋也是要求立即复工。刘少奇以一人之力对峙当局，双方僵持不下。

这时，聚集在戒严司令部外的工人们也听到了刘代表怒吼，便潮水般涌向大门，把大楼围得水泄不通。

外面工人们的怒吼声淹没了谈判室的声音：

"请我们俱乐部的代表出来！要谈判到俱乐部去谈！"

"谁敢动刘代表一根毫毛，我们就打得路矿两局片甲不留！让路矿两局全体职员不得生离安源！安源是人民的安源！"

见势不妙，矿长李寿铨生怕问题闹大，请刘少奇出面向工人们解释。

刘少奇走出谈判室，向工人们招手请大家安静："谈判正在进行，请大家放心！"目睹刘少奇在工人中的威望，当局软了下来，武力胁迫代表的伎俩只好收场。矿长调停说："请代表下午再来这里商量。"

刘少奇厉声回答："若不磋商条件，即可以不来。至于想用别的办法解决，请你们把我斫碎吧！"

看到刘少奇如此坚定，大义凛然，当局更对工人的力量产生畏惧，只好客礼送行，约代表下午再来商量。

经过17、18日两次谈判会议，俱乐部、路矿当局和商会及地方士绅代表三方合议，最终达成13条协议。

18日上午，13条协议签字生效。内容包括：路矿两局承认俱乐部代表工人之权，开除工人须有正当理由，罢工期间工资照发，每月发俱乐部津贴200元，工头不得殴打工人，增加工人工资等。

工人俱乐部提出的条件几乎全部实现，坚持5天的安源大罢工取得完全的胜利!

"劳工万岁!"

"俱乐部万岁!"

"罢工胜利万岁!"

············

整个安源沸腾了!

刘少奇更是"于欣幸之余,实令人起无限兴感,增无量勇气"。

15 | 不徇私情

刘代表为工人利益，在戒严司令部单刀赴会、勇斗矿霸，受到万余工人交口称赞。大罢工胜利后，刘少奇又担任了工人俱乐部窿外主任，俱乐部名声大振，工人们纷纷加入。

很快，安源路矿工人大罢工的消息威震全国。刘少奇家乡的父老也知道了，都为"刘九书柜"成了人物喝彩。

一天，刘少奇在安源突然听到叫"卫黄"的声音，原来是哥哥。

"哥，您怎么知道我在这里呀？"刘少奇兴冲冲过去拉住哥哥的手问。

"你在安源干了大事，宁乡都传遍了。乡亲都在为你高兴得不得了，都要来找你，想寻事做呢。"哥哥也兴奋，兄弟很久没见了，真想好好叙叙，但他转而又不好意思地说，"一来看看你好不好，二来找个事做。"

刘少奇高兴地说："我好着呢！做事是劳动人的本色，不做事就没有饭吃。安源是个大煤矿，只有下窿井的事呵，你就去做个拖煤工吧。"说着，他转身交代俱乐部干部周镜泉，要他去把自己的哥哥安排在井下工作。

周镜泉想，刘主任的哥哥有文化，怎么能让他干井下的工作呢！他便自作主张把刘少奇的哥哥带到铁路局安源车站停车房，安排了写写算算的事做。

一天，刘少奇去停车房开会，进门看见哥哥正在办公桌上打算盘，很是奇怪，便向领班的人了解了详情。

散会后，刘少奇到俱乐部把周镜泉找来，先是感谢他对哥哥的照顾，转而又批评他自作主张。他又语重心长地说："难道只有让别人下苦力，我的哥哥就应该吃活路饭吗？正因为是主任的亲人，哪怕是读书人，也应去下矿井同工人一起体验。你不要帮倒忙，人家会说朝中有人好做官呢！再说，我们的斗争还没有取得最后胜利，还没有打倒资本家；即使将来胜利了也不能只想自己的事，要多想想工友的事。"然后，刘少奇又作自我批评，说这件事他自己也有责任，对哥哥没有说清楚。

接着，刘少奇又特地找到哥哥谈话，要哥哥支持他的工作，还是改到井下拖煤去。

第二天，周镜泉就安排刘少奇的哥哥下窿井做了一名拖煤工人。

16 | 革命伉俪

1923 年 2 月 7 日，北洋军阀吴佩孚在帝国主义的支持下，举起屠刀，对京汉铁路罢工工人进行了血腥镇压，制造了震惊中外的"二七"惨案。从此，军阀的统治更加黑暗、残酷。工会一律被查封，到处都在流血和呻吟，中国刚刚兴起的工人运动遭受极大挫折。对安源路矿工人俱乐部恨之入骨的军阀和资本家们蠢蠢欲动，他们不愿意看到井下的黑脸工人能穿上一件没有皮鞭裂口的衣服，不愿意看到有了俱乐部的工人趾高气扬，准备反攻倒算，并企图取缔工人俱乐部。

在这风云巨变之际，毛泽东于 4 月来到安源。同李立三、刘少奇研究和商讨，并召开了俱乐部的工人积极分子会议，专门制订"二七"惨案后的斗争部署。由于工作需要，毛泽东调李立三离开安源另有重任，俱乐部领导重担全压在了刘少奇这个 25 岁的年轻人身上。毛泽东安源此行，也代表党组织关心刘少奇的个人问题。

毛泽东自从知道刘少奇曾经有过同自己类似的经历，便和杨开慧一直倍加关心他成家的事，愿他早结伉俪，工作和生活上有个好助手。在清水塘联络工作时，他们就有意让刘少奇认识了何宝珍。

何宝珍出生在湖南省道县城关镇一家小商贩家庭，家有兄妹3人。宝珍自幼聪明好学，被父亲送进县立女子小学读书。校长蒋松甫见她聪慧俊秀、成绩优异，但家境困难，便以10亩田和免费读书为聘礼，使宝珍父母同意将其许配给自己的侄孙为妻。宝珍心里对这桩婚事十分不满，她一心学习，并于1918秋以优异成绩考入衡阳省立第三女子师范学校。

1919年五四运动以后，毛泽东多次到衡阳进行革命活动，在学生中进行宣传演说，何宝珍受到很大影响，很快成为学生运动的带头人。1922年，她在女子师范学校首批加入社会主义青年团，还被选为支部负责人和湖南学生联合会委员。同年9月，何宝珍因领导学潮而被学校开除，无处容身。经该校中共党组织负责人张秋人与湘区委员会联系，她被毛泽东和杨开慧收留，到自修大学学习。

1922年10月，安源工人大罢工胜利后，经杨开慧向刘少奇介绍，何宝珍来到安源工作，在安源路矿子弟学校和补习学校任教，并在工人夜校初级班兼课，还兼任俱乐部书报科委员。在刘少奇的领导下，何宝珍工作干得非常出色。她经常运用图片、讲演、辩论会等各种教学方法，向工人传授文化和政治知识，提高工人的文化水平和思想觉悟，深受广大工友的欢迎和尊重。

刘少奇与何宝珍初识于清水塘毛泽东家，在安源路矿工作中又朝夕相处，增进了相互间的了解。刘少奇十分同情何宝珍的苦难身世，赞成她不畏封建势力，追求自由、解放和顽强的革命精神，喜欢她聪明能干和工作刻苦努力的优良秉性。何宝珍知道刘少奇在列宁的故乡留过学，是一位有文化知识、有马克思主义理论水平的有为青年。特别是在安源工人大罢工中，刘少奇表现出来的高超胆识，更使何宝珍仰慕。于是，在为劳苦大众求解放的共同理想生活中，两个年轻同志逐渐建立了深厚的情谊。

毛泽东这次来安源，正当李立三同志要调走，刘少奇工作任务加重之时，刘少奇与何宝珍互相倾吐心声，并在安源路矿工人俱乐部举行了简朴而又热闹的婚礼。不办酒席，不收礼物，不拜天地，只留前来贺喜的工人们开一个欢乐的茶话会，一改当时婚礼的旧风俗。移风易俗，在工人群众中传为美谈。

从此，革命的理想和事业，让两个年轻人的命运紧紧地联系在了一起。

17 | 福祸同当的工人俱乐部

　　大罢工胜利后的一天，刘少奇要到萍乡县城去办事。负责保卫的张明生考虑，刘少奇是俱乐部主任，是代表一万多工人的领导，往返十多公里路，不能让萍乡的官老爷笑话咱工人的领导太寒碜，便赶忙在安源的花冲找来一顶轿子，请来了几个轿夫。

　　刘少奇提公文包出门，发现门前摆着一辆轿子，以为是哪位老爷来要找他了，张明生笑道："是给'老爷'您准备的哩！"

　　张明生说明用意，但刘少奇连忙摇手拒绝。几个轿夫眼看到手的生意做不成，呆呆地看着这位有轿不坐硬要走路的"傻"主任。

　　刘少奇走了一段后向身边的张明生耐心解释道："我们是工人俱乐部，主任也是工人，不是老爷。俱乐部嘛，大家有福同享，有难同当，才叫俱乐部。再说，走路还能锻炼了身体，何乐而不为？"

　　刘少奇身体瘦弱精神却好，走路很快，张明生总是跟不上。刘少奇只好回头等他，又担心他为轿子的事心里背包袱，平常不爱说话的他一个劲找话说。

"你对搞这工作有意见吗？"

"哪有意见？还挺高兴的呢。"

"高兴就好。你是我的保卫，但对外叫'通讯员'，回到家彼此不分。"

"我们去见官老爷时，架子也装足点。不能让他们小看工人俱乐部。"一路上他俩谈笑风生。

在县老爷面前，张明生双手为刘主任奉茶，双手递刘主任名片，笔挺地站在门口当警卫，大涨工人俱乐部威风。

罢工胜利后，工人们纷纷建议给俱乐部负责人提薪，并明确建议从原来的 15 元加到 200 元，大家诚恳地说："这是我们工人的心愿呀！"

刘少奇断然否决："我们是工人俱乐部，大家只是分工不同。"

这样，俱乐部的工作人员，不论主任、通讯员，每个月工资一律为 15 元。

湖南株洲暴雨成灾，刘少奇获此消息立刻召开俱乐部干部开会，紧急部署赈灾。他说："救灾如救火，反动政府不管人民的死活，我们工人俱乐部要管。有难同当才叫俱乐部呀！"

散会后，他叫爱人何宝珍赶快找出几件衣服，连同自己准备买烟的钱率先送到俱乐部。安源工人本来就生活清苦，但大家都积极行动，都宁可自己少吃点，也都纷纷向灾区捐钱捐物。

第二天，刘少奇等还奔赴救灾第一线将钱物送到灾区。当得知一个铁路老工人的儿子还困在洪水围困的房子中没出来时，刘少奇、黄静源、袁文俊弄来一只木筏，蹚洪水把人救了出来。

老工人见孩子得救，跪在刘少奇面前，感激不已。刘少奇急忙扶起老人家，说："不用谢。我们是工人俱乐部的，这是俱乐部应该做的。"

18 | 中国的 "小莫斯科"

"二七"惨案之后，全国工人运动转入低潮。4月，李立三调离安源，刘少奇身上的担子更重了。面对斗争的低潮，刘少奇调整斗争策略，在教育、培训工人下功夫，把党的政治任务同工人的切身利益相结合，增强俱乐部的凝聚力，提高工人应对突发事件的能力。

1924年，刘少奇领导在安源创办中国共产党第一所党校。刘少奇自任校长并亲自授课，讲工人从一吨煤的生产到销售所创造的剩余价值，讲工人在生产一双袜子中所创造的剩余价值，加强对骨干工人思想政治的日常和系统教育，让昔日"只埋头在阴间里谋生"的井下工人懂得自己受压迫、受剥削的原因，关心井上的国家大事，成为具有思想觉悟的人。

刘少奇注意加大工人文化补习学校办学力度，为工人扫盲，让工人识字明理。俱乐部增设5个临时读书处，创建了1个规模较大的图书馆。俱乐部还统一编印工人文化教材，教学方法灵活，形式多样，内容切合工人日常生活和工作的迫切需要。后来补习学校增加到7所，参加学习的工人有2000余人。

另外，他还安排毛泽民负责在俱乐部下成立的两个消费合作社。以低价出售日用品给工人群众，避免工人遭受奸商的剥削。

1924年5月1日，安源工人俱乐部礼堂也正式落成，让一万多工人有了自己聚会的"家"。这一天，工人们在礼堂庆祝俱乐部成立两周年，大长工人们的志气！

在全国工人运动处于低潮的非常时期，安源党组织建立了15个支部，发展了党员300人左右。这时，全国共产党员也只有900名左右，一个安源路矿的工人党员占了全国的三分之一，还发展了十多个共青团支部。

安源工人运动蓬勃发展，在全国引起了强烈反响。时任中国劳动组合书记部主任的邓中夏赞扬安源在全国工人运动的低潮中"硕果仅存"，"是全国工会中组织最好的工会"。一时间，安源成为中国工人运动的中心，被誉为中国的"小莫斯科"。

刘少奇也由此成长为蜚声中外的著名工人运动领袖。1924年10月，刘少奇当选为汉冶萍总工会委员长。不久，又在全国第二次劳动大会上当选为中华全国总工会副委员长。

19 | 血染的围巾

　　刘少奇知道自己快要离开安源了，他心里牵挂着安源路矿的工人和俱乐部朝夕相处的战友们。党组织第一次调他离开时，路矿党支部总算把他给留住了，但这一次党组织已明确另有重任，他知道再也留不下来了。想起同安源工人们团结奋斗，亲如兄弟，一块火热斗争的生活，他恋恋不舍，眼中湿润了，他不愿意告诉大家真要离开的消息。

　　俱乐部的朱少连是名火车司机，刘少奇扫了扫他肩上的雪花，告诉他："为了今后更好地开展斗争，我们要把安源目前的形势和斗争情况向湖南省委作一次汇报，并请求指示。我想，这个任务你去完成最合适。"

　　朱少连接受了任务，回家赶忙收拾，直奔火车站。这时却见刘少奇早已到了火车站，身穿青布棉袍，头戴灰黄色礼帽、脖子上围条黑围巾，站在站台上等他。

"怎么？你不是要离开安源吧？"朱少连问。

"你放心，党组织不叫我走，我是不会走的。我只是特地来给你送行的。"

"送什么呀，我这个火车司机，隔几天就要出门的。"

"好啰，好啰，你快上车吧！"刘少奇一边催他上车，一边取下自己的礼帽戴在他的头上，还把自己的围巾从脖子上拿下来，端端正正地围在他的脖子上，并关心地说："出远门了，大雪天冻坏了你这个胃病鬼子，我在嫂子面前交不了差啊！"

朱少连见刘少奇取下了围巾，脖子冷得缩了一下，似乎还打了个寒战。他赶忙要解下围巾，刘少奇却按住他的手，一把将他推上了车。

朱少连从长沙回到安源，向刘少奇详细汇报了省委的指示，并把礼帽和围巾交还给刘少奇。

刘少奇摇手不接，并告诉了他："少连，我们在一起工作两年多了，不久我就要离开安源，是否再回来还不清楚。这两件东西虽不算好，但你用得着，算我一份心意，留给你作个纪念吧！"

这两件东西，刘少奇平时舍不得用，只有出远门开会和特别重要的场合才拿出来用。朱少连明白，刘少奇送给他作纪念的这两件东西多么的珍贵，同志的感情多么的深厚！他一直把它们珍藏着。

三年后，朱少连被捕，临行时他特地从箱子里取出自己一直珍藏不用的一顶灰黄色的礼帽和一条黑色围巾，并对家人说："放心，有了它，我就有了力量！"

朱少连这位火车司机，在狱中表现出共产党人宁死不屈的风采，戴上这条围巾英勇就义，鲜血染透了围巾。刘少奇每当想起朱少连烈士就想起了那条血染的围巾，虽然令人愤慨，但也让人周身热血沸腾，充满力量。同志和战友深厚的革命友谊凝结在这条小小的围巾上！

20 | 母爱似海

　　1925 年 5 月 30 日，因日本纱厂的资本家枪杀领导中国工人罢工的工人共产党员顾正红，此事激起上海工人、学生和广大市民的极大愤慨。英、日等帝国主义军警不顾中国人民的正当权益，悍然枪杀了 13 名手无寸铁的抗议游行的中国同胞，血溅南京路。这就是震惊全国的"五卅"惨案。"五卅"惨案当夜，中共中央召开紧急会议，指示在安源路矿工人大罢工中显露卓越组织才能的刘少奇，会同李立三、刘华等成立上海总工会，组织上海全市工人罢工，一致抗议和反击帝国主义暴行。

　　上海总工会在极短的时间内，组织了上海 20 万工人起来罢工。6 月 1 日，宣布罢工开始，此次罢工遭到了反动当局的残酷镇压。当帝国主义、反动军阀摧毁总工会并试图加害总工会领导时，李立三、刘少奇机智脱险。随后，刘少奇等人又继续到总工会办公，并发表

《檄告全体工人》："总工会的职员是替全工友谋利益的，决不怕死。打死一个，还有十个，还有百个、千个、万个。"

《上海总工会三日刊》于 10 月 16 日报道："刘少奇在本会未被封以前，早就患重病在身，但因工人利益要紧，宁肯牺牲个人，抱病工作。自本会被封后，因工作过劳，病势更重，而刘少奇不仅不因病辞工，更日夜不休息片刻，检阅各种稿件，亲往工人群众家中接洽各种事件。"中华总工会赞扬他："'五卅'惨案突起，帝国主义屠杀我同胞，上海数十万工人群起罢工，刘君废寝忘食，从事奔走，号召国人为救国运动，以全力为罢工工人作后盾，爱国热忱，举国同钦。"

刘少奇呕心沥血，日夜操劳，最后积劳成疾，肺痨愈发严重，导致呼吸困难，不得不于 11 月离开上海，回到长沙就医。

刘少奇夫妇住在长沙文化书店后楼，与湘雅医院不远。他白天去医院看病，或找人调查了解情况，晚上就在书店看书、写作或与党的负责人研究工作。何宝珍精心照顾刘少奇，并把留在炭子冲的儿子刘允斌也接过来了。孩子刚会叫"爸爸""妈妈"，亲人团聚，使养病期间的刘少奇难得地沉浸在小家庭的欢乐之中。刘少奇疗养了一个月后，身体渐渐好转。

正当他准备返回上海的时候，意外发生了。湖南军阀赵恒惕得知刘少奇这个安源工人运动的领袖人物在长沙活动，便派卫兵进入文化书店，将刘少奇逮捕，并关押在长沙戒严司令部。

何宝珍心急如焚，四处奔走报讯。刘少奇的六哥原在长沙湘军中任过小职，闻讯赶回长沙，配合组织开展紧张的营救活动。

后经多方努力和全国民众的一致通电，刘少奇被营救出狱，党和工会组织的人接连赶来慰问。刘少奇的母亲每天在家焦虑牵挂，此时听到儿子出狱的消息也赶来长沙，一定要亲眼见见自己的儿子。

刘少奇得知母亲已到长沙来看望他，内心一阵酸楚。想到自己未能及时回家探母，又让老人家操心了，内心无比愧疚。

刘少奇的母亲姓是炭子冲附近一农家女儿，18岁嫁到刘家。丈夫早逝，一家的重担全压在她身上。好在她能干，把这个家管理得井井有条，6个孩子也都依顺着她。

刘少奇的母亲尤其待人宽厚、开明，她认为男孩应当上学才有出息。正是母亲的支持，刘少奇才不断更换地方求学。当然，母亲毕竟是那个时代的女人，又不识字，随着刘少奇一天天长大，见识日广、思想成熟，母子间认识上的冲突不可避免地发生。母亲认为上了私塾就可做郎中了。但母亲每次都经不起儿子的软磨硬泡，在刘少奇面前一次次让步，同意他离家10公里读小学，去县城上初中，去省城上高中，直至五四运动期间又去了北京……那时儿子已一年没回家了，母亲在家日夜盼望刘少奇能从北京回来，可她盼到的却是一个让全家人震惊的决定：刘少奇要出国留学。

当听说儿子要出国时，母亲坚决反对。母亲说："你只要不去留学，什么要求家里都可以答应你。你可以在家做你喜欢的事，也可以去长沙读大学。"除母亲外，刘少奇的几个哥哥也都反对他出国。

刘少奇对家中的阻挠早有预料。但他反复对母亲说："苏俄是劳农当政的国家，是最平等合理的社会，我们应该去了解、学习。我离开祖国，离开母亲，正是为了祖国的强大和母亲的幸福！"

刘少奇软磨硬泡又成功了。母亲终于抬起头来对刘少奇的几个哥哥说："开仓粜些粮，再把几头猪卖掉吧！"在家的哥哥为他忙粜粮、卖猪，在外的六哥也赶紧寄钱弥补不足。

刘少奇在母亲和家人的帮助下，终于圆了出国留学的梦。在苏留学一年提前回国后，刘少奇趁着到湘区执委报到的机会抽空回家看望母亲。母亲非常高兴，没想到儿子出国能回来得这么快。后来他组织安源路矿罢工干出了大影响，十里乡邻纷纷称道。母亲知道儿子已成了干大事的人了，便也不再担心儿子走多远了。

可儿子工作累出了肺痨病，治病期间又被抓捕坐了一个多月监狱，老人一天天睡不好觉，过早失去丈夫的她，再也经受不起失去儿子的打击，她决计不准儿子再外出闯荡。老人一见到刚出狱的儿子，未语泪先流，拉着儿子的手，抬头仔细端详儿子苍白的脸，说："儿呀，快跟娘回家！不再出门了，娘让你在家做你喜欢做的事呀！"母子二人都泪眼模糊，满头白发的母亲说的还是当年出国留学前那句强留儿子的话。母爱似海深，母恩如山重，刘少奇懂得。

但是，刘少奇在长沙蒙难坐牢一个多月的日子里，更加看清了国内军阀与帝国主义狼狈为奸的真实面目，更加坚定了反对帝国主义必须首先反对国内军阀的坚强决心。52天的狱中斗争生活让他苦受身心磨砺，不但不畏惧邪恶，反而生死置之度外，深知自己责任更加重大。作为中国共产党党员，生命已经不仅仅属于母亲，生命更属于党、属于祖国和人民，为党和人民的事业奋斗终生才是他最终的理想。

刘少奇搀扶起母亲，为母亲擦去眼角的泪花，含泪说："别的事情我都可以依您，唯有这件事不能答应您。请您老人家还是放心回去吧，我会多加小心的。"

刘少奇又一次说服了母亲，急急踏上了新的革命征程。

刘少奇没想到，这次出狱与母亲见面成了他与母亲的诀别。此后，由于工作的繁忙，刘少奇再也没能抽空回家看望母亲。6年后母亲病逝。

未能在母亲临终前再见一面给刘少奇留下了终生的遗憾。他只好以"自古忠孝两难全"来安慰自己。

21 │ 省港大炮台

1926 年 2 月 19 日，刘少奇赶到广州。他顾不得自己身体尚未完全恢复，便开始投入新的工作。由于中华全国总工会委员长林伟民身患重病不能工作，中共中央决定由刘少奇代理全国总工会委员长，与全总秘书长、党团书记邓中夏和省港罢工委员会委员长苏兆征等一起挑起全国总工会这副重担，开始全力投入领导全国总工会和省港大罢工的工作。

刘少奇刚到广州，便遇到了英帝国主义者破坏罢工的活动。2 月 22 日，粤海关掌管税务的英国官员贝尔借口省港罢工，让工人纠察队扣留 8 艘未经海关查验的货艇，悍然下令封闭海关，停止起卸货物，妄图阻断广州及整个华南对外贸易的通道，从而达到给中国经济和人民生活造成困难和破坏省港大罢工的目的。

省港大罢工是"五卅"运动爆发后在全国掀起的反帝大浪潮中规

模最大、时间最长的一次罢工运动。开始于 1925 年上海"五卅"运动爆发后的 6 月 19 日，在邓中夏、苏兆征等领导下，香港十多万工人为支援上海工人的斗争举行了大罢工，同时广州沙面租界工人和英、日、美洋行的工人也相继举行罢工。6 月 23 日，省港罢工工人、市民和周恩来带领的黄埔学生军共 10 多万人举行游行示威，当队伍经过沙面对岸的沙基时，遭到英、法等帝国主义军队的射击，造成了群众死 50 多人、伤 170 多人的大惨案。这一事件发生后，更加激起了全国人民的反帝怒潮，香港罢工工人迅速增加到 25 万人，同时 13 万多人返回广州。此后，为了加强对这次大罢工的领导，中华全国总工会成立了省港罢工委员会，组织了 2000 多人的工人纠察队，对香港进行严密封锁，使香港变成了"死港""臭港"，沉重地打击了英、法帝国主义。

正当省港数十万工人与帝国主义斗争进入持久战阶段，罢工斗争随时有可能遭到敌人破坏的时候，久负盛名的工人运动领袖刘少奇来到广州加强对罢工的领导。刘少奇面对敌人破坏罢工活动，立即同邓中夏、苏兆征研究对策，火速行动，发动广州各界群众投入反对封闭海关的斗争。1926 年 2 月 25 日，全国总工会和省港罢工委员会联合广州各商会发出《工商联合对粤海关税务司贝尔宣言》，揭露其"以小故封关""妄图断绝我生命"的罪行。2 月 26 日，在刘少奇的带领下，广州工农商学各界 10 万群众在广东大学操场举行大会和示威游行，愤怒声讨及抗议英帝国主义封闭海关的无理行径。

在中国人民的强大威慑面前，港英当局不得不在当天宣布重开海关。

3月3日下午，中华全国总工会在国民党中央党部大礼堂召开1000多人的大会，以欢迎刘少奇出狱和到达广州为名，再次集会激发工人与帝国主义作坚决斗争的决心和信心。邓中夏同志首先向工人们介绍了刘少奇同志的到来，全场与会人员对组织安源和上海工人大罢工领袖人物的到来表示热烈欢迎，掌声雷动。刘少奇在大会上激情昂扬地发表了出狱后的第一场演说，他衷心感谢同志们对他的热情欢迎，表示今后一定要更加坚决地与帝国主义和军阀斗争到底。他说："全体工人阶级要识破帝国主义和军阀的阴谋，将自己团结和组织得像铁一样坚强，将来胜利一定是属于我们的！"

为了使罢工斗争能坚持下去和取得彻底胜利，刘少奇吸取上海罢工经验，除组织各界募捐、支持罢工工人以外，他将主要精力放在组织各行业工人实现大联合上。他了解到省港几十万罢工工人还没有健全和统一的联合组织，大小几百个工会，别树一帜，自立门户，很难统一指挥。而且各工会之间常闹纠纷，直接影响罢工斗争，非常不利于长远的战斗胜利。事关重大，他及时同邓中夏、苏兆征分头下到行业工会做耐心细致的说服教育工作。从2月到4月，香港、广州的几百个工会迅速组成各行业系统统一的工会，实现各行业联合。

4月初召开广州工人代表大会，4月中旬召开香港总工会成立大会，使省港几十万工人迅速成为一支有严密组织和纪律的大军。

当刘少奇把代表全国总工会制作的一面绣有"革命前线大炮台"的锦旗，赠给香港总工会的时候，数十万香港工人无不欢欣鼓舞。香港工人从此成为中华全国总工会的一支联合大军，广州、香港就像是建立在反帝前线的一堵铜墙铁壁。

22 | 夹袄与皮袍

1928 年至 1937 间，刘少奇接受中共中央的安排，成为我党在白区工作的开拓者之一，先后在天津、满洲里、上海等地担任白区党的领导。

白区是反动统治区，白区的工作是在敌人眼皮底下的工作。过去的罢工斗争是明目张胆，大张旗鼓，面对面地斗争；白区工作却是隐蔽的地下斗争。不仅工作环境艰难，生活也不规律。刘少奇小时候患过痢疾，落下了病根，胃病和肠炎也反复发作，无规律的生活和南北气候的差异，让他的身体难以适应，因此常常带病工作。

何宝珍心疼丈夫身体瘦弱，难挡严冬风寒。

1930 年，刘少奇夫妇住在上海沪东区高郎桥（今兰州路）一家豆腐店楼上的小亭子里。这时候，张琼同志也在沪东区配合刘少奇搞工人运动工作，她的公开职业是一家纱厂工人，便于工作和生活，每逢上夜班时，她都不回家，就住在刘少奇家里。

刘少奇和何宝珍坚持每天晚上送张琼上班，第二天早上又接她下班，以防坏人袭击。张琼每次到刘少奇家，发现饭菜就都为她做好了，买了新鲜菜总要让她先吃。张琼要睡觉休息时，刘少奇和何宝珍便外出开展工作。

因为斗争的需要，张琼由纱厂工人又改到业余夜校教书，后来又以摆书摊作掩护。因此，家庭生活十分艰苦，有时一顿饭只能吃到一块大饼。

一天，刘少奇得知张琼的丈夫贺树生病了，正缺钱看病。他赶紧回家同何宝珍商量。那时何宝珍生下儿子刘允若不久，家中经济也十分困难，身边也没什么值钱的东西。刘少奇见张琼过来了，便马上拉妻子走进内室。

张琼进屋时，见何宝珍拎了一个小包裹匆匆出门。她心里纳闷：这么个大冷天，刘少奇怎么只穿件薄夹袄，不穿皮袍？何宝珍匆匆去哪里呢？

正在张琼向刘少奇汇报工作时，何宝珍匆匆从外面回来了。刘少奇也随妻子赶紧进入了内屋。刘少奇出来时，一手把一叠钱递到张琼手里，关切地说："老贺病了，这点钱你拿去找个医生给老贺看病。"

张琼看这一叠钱有十几元，再看刘少奇身上只穿了一件薄夹袄，心里顿时明白过来。原来他是脱了身上的皮袍子拿去典当了。张琼见他身体瘦弱，而且老犯痫病，家里也过得紧巴巴的，又要养刚生的孩子，怎么也不肯收下这笔钱。

"看你自己身体这样子，又要挨冻。我不能收这钱啊！"张琼两眼泪水，硬是推托着不肯收。

"坚强一点。我们是生死与共的阶级兄弟，快回去带老贺看病吧！"刘少奇不容她再说什么，坚持要张琼收下那些钱。

张琼心里有说不出的感激，只好带上钱，带丈夫找医生去看病。

老贺的病治好了。刘少奇典当的皮袍救了老贺，又帮助张琼一家熬过了一个冬天。

只见刘少奇身着薄夹袄穿街走巷，带领同志们在白区紧张工作和生活，闯过了一个又一个难关。

1933年，何宝珍在上海地下活动中，不幸被国民党反动派逮捕，押解到南京，他们夫妻被迫分离。在南京被国民党判刑15年。但她在狱中仍然坚持对敌斗争，毫不退缩。后来，由于叛徒告密，何宝珍的身份最终暴露。1934年，何宝珍在南京雨花台英勇就义。

刘少奇在党的地下工作中，失去了爱妻的关心、体贴和帮助，相当于又一件他心上的"皮袍"被敌人剥去。

但这位瘦削高个的男人，依然步履坚定地走在这座城市的大街小巷，寒风不时掀起他那件薄夹袄。

23 │ 党代表让马

　　1934 年 10 月初，红五军团宣传干部莫文骅在苏区兴国的第五次反"围剿"火线上走回宿营地，突然接到红军总政治部的特急电报，命令他立即动身，两天内赶到古龙岗镇红八军团，担任该团政治部宣传部长。电报最后另加一句说："如迟到了，就跟不上队伍。"

　　这就是一位红军宣传干部的万里长征的开始。

　　兴国去古龙岗有 100 公里路程。由于在战场上的劳累，莫文骅的马已不能再跑了，至少得休息一两天才能复原。但时间已经来不及了，莫文骅只好把马留下交给了地方政府，他和特务员小吴一块背起行李日夜兼程。他们每天徒步 50 公里，第二天赶到龙岗时，军团却早已离开，只遇到了后卫部队，差一点就跟不上队伍。

　　此时，他脚已经开始肿了，只好挂棍子，一瘸一拐地走，跟着队伍日夜行军。可莫文骅作为第八军团的宣传部长，工作要求他在长征队列里跑前跑后做宣传动员。但此时想从别处抽调一匹马是不容易的。

队伍穿过广东进入了湖南境内。一天清早，部队集合，莫文骅听到有人在喊，他转头发现是军团政治部主任罗荣桓过来了，他赶紧拐过来行军礼。

罗主任高兴地说："你过来！刘党代表给你一匹马。"

罗主任又领莫文骅去见刘少奇同志。刘少奇从白区回到中央苏区工作，这时正被分配到第八军团担任党代表。他知道宣传干部正急着用马，恰巧昨夜打土豪搞来了一匹骡子，刘少奇立即决定把自己的马让给宣传部干部。

莫文骅向刘少奇行过军礼，却犹豫着不肯牵马。刘少奇关切地说："你不是没有马吗？你的脚肿了，工作又忙，前面的道路还很艰苦，把这匹马牵走，给你了。"

莫文骅很感动，但牵走党代表的马实在过意不去。他问："党代表，马给了我，你骑什么？"

刘少奇笑着回答："昨晚搞到了一匹骡子，我的行李多，还有书籍，骡子力气大。我把这匹黄马给你。它是我从瑞金骑来的。马是老些，但还健壮。它老实，走路小心，记性好，还有些优点呢！"话语诚恳，和蔼可亲。

"党代表，你任务更重，马还是你留下骑。骡子只会拉行李呀，我还可以再想别的办法。"

"我不需要两匹，尤其你比我需要马。别人当然也需要，但是现在你比别人更需要。快拿去用吧！"

罗荣桓也说："党代表看你工作急需，执意要让给你。不要再推辞了，快出发吧！"

长征途中刘少奇因为书多，行李重，不时照顾着骡子，自己走路。万里征途，无论官兵，想到的都是工作，如何尽可能让红军队伍走出艰难险阻的困境啊！

尤其是后来过草地的时候，刘少奇和战友们被沼泽阻挡在草地上整整8天，党代表倚仗他个儿高和少年时练过武功，又一次次亲身为战士们充当一匹"马"，把误入沼泽的同志拉出来，还把留有一口气的同志背出沼泽地。

24｜抗日游击战争理论

七七事变爆发时，刘少奇正在延安。他在参加中共白区工作会议后，同毛泽东等中央书记处的同志讨论了当前局势。7月8日，他们以中共中央书记处名义，给北方局发出《关于卢沟桥事变后华北工作方针问题的指示》，要求北方局"动员全体爱国军队全体爱国国民抵抗日本帝国主义的进攻，在各地用宣言传单标语及群众会议进行宣传与组织的动员""立即在平绥平津以东地区开始着手组织抗日义勇军，准备进行艰苦的游击战争"。

同时，刘少奇急速启程赶往前方。此时，平津形势急剧变化，战争规模逐步扩大，已不适宜安置北方局机关，他又奔赴山西太原，重新组建北方局领导机构。

早在瓦窑堡会议上，毛泽东就有把山西作为中共抗日战略支点的思想。可见，刘少奇在抗日战争时期身处抗战战略实践的前线，那正是中共中央和毛泽东所关注的一块抗战理论实践的重要基地。

在抗战能否取得胜利的关键性决策中，中共高级军事将领们，认识上并不是完全统一的。毛泽东高瞻远瞩，从战争的实际情况出发，得出科学结论，提出了"在整个战略方针下执行独立自主的分散作战的游击战争"的战略原则，从战略上基本解决了抗战初期八路军的作战方针。但因自洛川会议讨论作战方针时，曾出现了不赞同游击战而主张打运动战的分歧，当八路军主力陆续开到华北山西前线后，这一分歧又在一定程度上表现出来，还产生了"运动游击战"和"游击运动战"提法上的不同。

当时由于红军急于出发，中共中央还没有来得及对毛泽东抗日游击战争战略原则展开充分讨论。朱德总司令率领八路军总部抵达太原后，刘少奇主持的北方局，同八路军总部彭德怀、任弼时、贺龙以及中央代表周恩来等在太原召开联席会议，讨论发动群众、扩大红军和保卫山西等问题，会上就抗日游击战争战略原则展开了热烈讨论，各抒己见，两种意见相持不下，一些同志对华北准备敌后抗日游击战的重要性、紧迫性认识不清。

会议从下午2点一直开到第二天凌晨2点，讨论了12个小时也没有统一思想。刘少奇一直在冷静地分析，与不正确的意见展开激烈争论。有的同志还对刘少奇关于游击战形势的分析认为是"民族失败主义的情绪与认为华北局势无法挽救的宿命论"。

毛泽东在延安也密切关注了这一问题，他连续几天致电前线将领，指出："目前情况与过去国内战争根本不同，不能回想过去的味道。"9月25日，毛泽东再次致电周恩来、刘少奇、杨尚昆并朱德、彭德怀等，反复强调："整个华北工作，应以游击战争为唯一方向。一切工作，例如兵运、统一战线等等，应环绕于游击战争。华北正规战如失败，我们不负责任；但游击战争如失败，我们须负严重的责任。""要告诉全党（要发动党内党外），今后没有别的工作，唯一的就是游击战争。为此目的，红军应给予一切可能的助力。"

刘少奇同毛泽东的意见完全一致。作为一个战略区的领导者，应该要有远见。这种远见最重要地又应该体现在更具说服力的理论上。在这一历史转折关头，毛泽东虽然已提出了战略基本原则，但对其具体内容还没来得及阐述。毛泽东和其他领导人的精力主要集中在八路军的作战部署上了。刘少奇的工作则集中在指导华北各级党组织配合八路军，进行抗日游击战争的准备工作方面。由于实践的需要及毛泽东抗日游击战争战略原则思想阐释的需要，再加上在党内不同意见争论的促进，多年理论功底的积累促使刘少奇在民族战争新形势下，运用马列主义理论结合战争实践，在党内较早地对抗日战争理论进行探讨。他在山西太原抗战前线伏案疾书——

今天华北人民的中心任务，是广大地组织与发展抗日游击战争。广大的游击战争是华北人民抗日最有效的方式。一切愿意在华北继续进行抗日斗争的人们，都不应该放弃或逃避游击战争。如果真能在华北动员数十万以至数百万人民武装起来，从事与坚持游击战争，那么，这一件事实在政治上军事上就有着下列伟大意义与光明的前途：

（一）牵制日本极大的兵力于华北，在战略上配合华中华南的正规战争。

（二）在华北长期坚持抗日战争，消耗日本帝国主义的力量，以便最后战胜日本帝国主义。

（三）围困日本侵入内地的军队而最后消灭之，部分地收复失地。

（四）给华北人民以斗争的出路，给汉奸以打击，暴露投降者的可耻面貌和民族失败主义的错误，给某些可能的对日妥协企图以极大的牵制。游击战争将告诉全世界：华北人民为保卫华北的每一寸土地而血战到底。

（五）在游击战争继续扩大与胜利的过程中，将转变到以正规战争为华北人民抗日的主要斗争方式，最后驱逐日军出华北。

刘少奇还详细论述了游击战争的主体，即抗日武装部队的组织和改造问题，抗日游击队的各种形式和应注意的政策问题，揭示了抗日游击战争和抗日根据地以及抗日民主政权的内在关系。他还预言："在华北数十万正规军不能战胜的敌人，但数十万游击队是能战胜的。"

经过一段时间的探讨与写作，10月16日，在忻口战役的炮火声中，刘少奇发表了《抗日游击战争中各种基本政策问题》的小册子，署名陶尚行。这时距抗战全面爆发刚刚3个月。他在事物刚刚露出苗头时，便迅速抓住了事物的本质，与毛泽东在《抗日游击战争的战略问题》和《论持久战》中所论述的思想基本一致，阐释了毛泽东最早提出的抗日游击战争的思想，针对当时党内和红军将领中不同程度的对抗日游击战战略的动摇、顾虑而进行释疑解难，有力地指导了华北抗战的准备工作，为敌后抗日根据地的创立，为八路军的发展壮大和在太原失守后及时转入游击战争，做了很好的理论准备。刘少奇在抗战前线，为贯彻毛泽东的正确战略方针，适时开展敌后抗日游击战争，倾注了全部精力。后来大量事实也证明，刘少奇对毛泽东抗日游击战争的理论，无论是在实践中创造性地贯彻，还是对理论本身的阐述，都做出了非常重要的贡献。

25 | "特殊武器"

一天，刘少奇同秘书柳岗来到山东军区边沿的一个小镇上察看地形，了解情况。走着走着，刘少奇的目光落在了一张彩色招贴画上，他驻足端详很久，然后对柳岗说："这幅画他们在宣传上是挖空心思的，形式使人一目了然。"

秘书柳岗擅长宣传工作，美术在行。他听刘少奇一说，便眼中一亮。刘少奇觉得柳岗只做自己的秘书还没有发挥最佳作用，应用其所强，于是派他去了山东分局宣传部协助工作。

柳岗在宣传部兼职，牢牢记住了刘少奇针对那幅画所做的一番启发。在一次研究对敌宣传工作时，有同志提出：把我国古代的反对战争的诗歌译成日文，对敌宣传，准能达到瓦解敌人的目的。柳岗接着给大家讲起了刘少奇在小镇上讲的那番关于招贴画的话，还从形式创新上向宣传部的同志分析刘少奇的那番话。同志们一听，大受启发。

几天后，一幅幅图文并茂的宣传画被创作出来：在"可怜无定河边骨，犹是春闺梦里人"的诗句下面，画上美丽的日本富士山，山前樱花树下，一个漂亮的日本少妇正在痴情地等待着丈夫的归来；画的另一端是在中国广袤的原野里，一面破碎的太阳旗下有一堆白骨。在"一将功成万骨枯"的诗句下面，画上一个胸前挂满勋章的军官，双脚踩在一堆日本士兵的枯骨上，左手高举酒杯，右手搂着标有"爱国妇人慰劳队"的女人，在狰狞地大笑着……

这些画，很快一张张贴出去，把日本兵纷纷吸引过来，看得他们一个个惊呆了，他们有的看着骷髅想到自己的下场；有的想起了家中的娇妻、孩子；有的还偷偷地抹了一把眼泪。

日本军官惶恐不已，因为有的宣传画被张贴到难以清洗的程度，只好下令禁止士兵观看。可越禁士兵越是忍不住，大家都偷偷去看。因此，有的看画看痴迷了的士兵，难免横遭军官拳打脚踢，导致敌人官兵矛盾加剧，宣传画真正成为一种挫敌之心的"特殊武器"。

刘少奇也很快看到了这些宣传画，心里非常高兴，因为"特殊武器"已刺进了敌人的心房，搅乱了敌人的阵营。有同志夸柳岗的创意时，柳岗却笑着说："哪是我的办法，这还不是从胡服同志（刘少奇化名）那里'偷来'的！"

26 | 调研 "一盘棋"

武汉沦陷之后，国民党中出现了投降逆流，国民党副总裁、亲日派首领汪精卫及其追随者公开投敌，国民党五届五中全会确定 "溶共、防共、限共、反共" 的反动方针。在华中地区的新四军受王明机会主义的影响，同华北和八路军的联系被隔断，陷于敌伪夹击的危境。担任中共中央中原局书记的刘少奇于 1938 年 11 月，奉中共中央的命令，在新四军发展壮大的关键时刻来到华中，到豫皖苏边区和皖东地区，深入调查研究。

张云逸、罗炳辉率新四军第五支队司令部正驻守在盱眙县半塔集镇东头。化名胡服的刘少奇在司令部听了汇报并不满意，他急于要掌握这里的第一手社情，便从司令部悄然走进群众中去。

集镇东头的一家 "徐氏饭馆" 门口，几个人正围着下象棋，老板徐掌柜正和人一比高低。日军入侵后，这里天灾人祸不断，饭馆生意冷清。现在新四军赶跑了日本鬼子，但饭馆一时还没能恢复元气，徐掌柜也闲得无聊，常在馆门口"杀"上几盘。

徐掌柜名叫徐立业，夫妻开店在当地小有名气，他与新四军司令部的人也早已熟识。这时他刚以2比0战胜对方，正为自己喝彩时发现身旁有两位穿新四军制服的人也在为他喝彩。

"哦，你不是罗司令的警卫员吗！"徐掌柜高兴地说。他出于对新四军的敬重，连忙伸手打招呼，并向警卫员打听另一位不曾相识的新四军："这位是？"

"他是……"

不等警卫员介绍对方，刘少奇抢过了话茬，巧妙地掩饰一句："我是特地来看你们下棋的。"

其实，刘少奇工作非常繁忙，哪有闲心观棋。但他听人说这位徐掌柜是当地的一本"活字典"，张三、李四为人如何，王五抗日态度怎样，当地谁是有钱人，民风习俗怎样，他了如指掌。刘少奇每到一个地方，习惯亲自走访调查，把社情了解得一清二楚。这个"活字典"徐掌柜就成了他的重要关注对象，他一定要一页一页翻开这部"活字典"来。但徐掌柜这人也有怪脾气，喜欢以棋会友，以棋艺论英雄。要想成为他的朋友，就得先在棋盘上赢过他，棋艺越是高他，他越是敬佩，说话也就越投机。

刘少奇不管多忙，总要来饭馆前转转。不管棋艺能否胜他，他都不想放过这本当地的"活字典"。这天他又聚精会神地围着棋盘观战，细察徐掌柜的棋路。

"你也会呀！"徐掌柜终于向刘少奇发出了邀请，"来一盘吧？"

"会，但棋艺不高。"刘少奇谦逊地回答。

"哪里哪里。来吧！"徐掌柜就坐下，利索地摆下棋，前面输了的那个人也客气地让出了座位。

"好，那我就来试试，还请徐掌柜手下留情呵。"

一局下来，刘少奇以绝对优势领先，围观者连声赞叹。可要知道，徐掌柜的棋艺在半塔集镇可是数一数二的呀！

第二局，刘少奇又是速战速决，冷不防一声"将军"，把徐掌柜的"帅"给将死在绝路上了。

"啊！高！真不错！"徐掌柜心服口服。

第二天，刘少奇派警卫员给徐掌柜捎了个口信："徐掌柜，我们首长想请你去坐一坐。"

"谁？哪个首长请我？"徐掌柜一时没反应过来。

"就是昨天同你下棋的那位呀。"

"啊！你看我有眼不识泰山。"徐掌柜听说自己交了这么一个棋友，高兴得很，马上随警卫员来到了第五支队办公室。

"欢迎欢迎！"徐掌柜进了司令部，刘少奇可把棋友当贵客了，亲自倒茶、敬烟，好不亲热。

从此，一次次棋逢老友，你一言，我一语，"活字典"就一页又一页地翻展开来，把半塔集镇的情况向刘少奇和盘托出。

1940 年 3 月，国民党江苏省主席兼鲁苏战区副总司令韩德勤趁我路东部队西调之机，调集 10 个团万余兵力，向新四军第五支队后方机关所在地——半塔集及其附近地区，发动大规模的围攻。

3 月 22 日，顽军围攻半塔集的第二天，江南指挥部陈毅同志急电挺进纵队火速从江都大桥出发，日夜兼程前往增援。我军挺纵增援部队两个团于 23 日出发，28 日赶到半塔集东南，打开缺口。第五支队、苏皖支队由路西增援半塔集。我军东西两路大军出击，将韩德勤 10 个团击溃，并将残余部队驱赶到淮河以北。

半塔危局虽突如其来，但战役最终大获全胜，这得多亏了刘少奇与徐掌柜那盘走活了的"棋"。

27 | 马丢了

1939 年春天的一个清晨，警卫员苏斌一骨碌爬起来去牵马。苏斌在马厩门口时惊呆了，刘少奇的马不见了，只剩自己的那匹骡子还在熟睡，马是挣脱缰绳跑的，到底跑到哪去了呢？

昨天，刘少奇在十里开外的延安大礼堂作了一整天的报告，今天又要马上赶去中央党校讲课。因为昨天讲课讲到天黑，刘少奇和苏斌就在大礼堂附近的中央组织部临时找个地方住了下来。夜里怕牲口丢失，临睡前，苏斌特意托组织部管理牲口的同志把他们的骡子和马拴在组织部的马厩里。刘少奇就要出发了，可马跑到哪里去了呢？

苏斌刚刚调来刘少奇身边，在去延安大礼堂的一路上他与首长谈得亲热，聊工作、聊学习、聊家庭，谈笑风生。虽然他比刚来的时候少了些拘谨，但这是苏斌调来首长身边执行的第一次任务，现在马丢了，中央党校还有几百号人等着听首长的报告啊！

怎么办？苏斌越想越急，豆大的汗珠直冒。他围着马厩转了一圈又一圈，心里一直在默默祈祷：马呀，你快回来吧！

他找遍了附近几个地方，均不见马的踪影，苏斌渴望的奇迹没有出现。苏斌害怕极了，他不知该怎样向首长交代。

天已大亮，眼看刘少奇出发的时间渐近，他只好离开马厩，硬着头皮去向刘少奇报告："首长，马……不……不见了。"

这时的刘少奇正在整理东西准备出发，看到苏斌惊慌失措的样子，愣了一下，关切地问："不要急，慢慢说，到底发生了什么事？"

苏斌想尽量控制自己的情绪，但觉得自己惹的祸实在太大了，说话还是结结巴巴："昨……昨晚，马没下鞍，又没喂料，挣脱缰绳，跑……跑了……"

"哦，原来是马丢了。"刘少奇看了看手表，显然有些着急，但一想，马反正已经丢了，急又有什么用呢，只有赶快想法子才是。

"马没了还有骡子嘛。"刘少奇安慰苏斌说，"你不要紧张，我去党校可以骑你的骡子，你现在到社会局去，请他们帮忙找找看。"他说着，提笔给苏斌写了个条子，转身背起包就准备走，并嘱咐："我马上就走，找到马你随后再来。"

刘少奇不但没发火、生气，甚至连一句责怪的话都没说。苏斌绷紧的心弦放松了一下，赶忙牵来骡子，把刘少奇一直送至延安东门。

在社会局同志的帮助下，直到傍晚，马终于被找到了。但脱缰的马把马鞍已碰得破烂不堪，搭在马鞍上的毛毯也不见了。苏斌心里还是忐忑不安，赶回王家坪刘少奇的窑洞前已是午夜时分。窑洞里灯光一闪一闪，他喜忧交加，来到门口还不知如何报告。

听到熟悉的马蹄声，刘少奇迎出门来，请苏斌进窑洞坐下。见苏斌报告时难过和疲惫的样子，刘少奇很是心疼，又赶紧安慰他："好了好了，不要难过了，累了一天，快去休息吧。"

闯了这么大的祸，原以为刘少奇会狠狠地批评自己一顿，可是，刘少奇不但没有批评，反而还安慰自己，苏斌心里比挨了批评还难过。特别是当他走进住所时，听别的警卫员说刘少奇一回来就打听他回来没有，晚饭后又打听了几次，还不时地出去打望，并坚持一定要等他回来才放心时，他更觉得对不起刘少奇，感动得半天说不出话来。

28 | 《论共产党员的修养》的发表

担任中共中央中原局书记的刘少奇，于1939年3月从华中敌后抗日根据地回到延安，参加中共中央会议。当时，他与马列学院院长张闻天毗邻而居。曾经，他俩在列宁主义的故乡苏联一起攻读过马列主义理论。异国同窗今又重逢，茶余饭后他们少不了讨论共同关心的理论和时事问题。

刘少奇说："六届六中全会提出加强党的建设任务，现在从各地奔赴延安的革命青年，许多人已经入了党。这些人有朝气和激情，但是缺乏对共产党的基本认识，对于怎样做一个共产党员不甚了解。对他们进行党的基本知识教育，是当前党的建设工作中的一个十分迫切的任务。"

张闻天接着话题："是啊，我最近也在想这个问题，虽然六中全会通过了三部党内法规，从制度上加强了党的政治建设和组织建设，但是要解决思想建设问题，还要花大力气对党员进行基本素质教育。你这个想法很好，最近马列学院'党的建设'课程的主讲人缺席，你能不能补这个缺？"

刘少奇回答道："系统地讲党的建设基本理论没有时间，可以讲讲党员在党内生活中应该注意的几个问题。要讲，就从党员的修养讲起吧。"

关于党员修养的问题，1938 年底刘少奇从延安去华中敌后途经渑池时，曾给豫西特委举办的党员训练班的学员讲过。这次，从华中来延安途经西安时，给八路军驻西安办事处的同志们也讲过。那是针对党的建设讲的，听课的人数比较少。这次给马列学院的学员讲，针对什么问题讲更贴切呢？刘少奇先是专门找一些学员谈话，了解学员最想了解什么、解决什么。通过调查，他掌握到学员的工作兴趣、个人前途与党的需求之间的矛盾是学员普遍关心和存在的问题。刘少奇决定，这次就从怎样做合格的共产党员和提高党员的思想境界讲起。

1939 年 7 月 8 日，在马列学院窑洞前的广场上，席地坐满了来听课的学员。刘少奇连续讲了 4 个多小时，全面阐述了共产党员的道德规范和行为准则，包括掌握马克思主义的理论，以及运用它的立场、观点和方法去研究处理各种问题的修养：懂得无产阶级革命战略战术的修养，具有无产阶级思想意识、道德品质和艰苦奋斗工作作风的修养，善于联系群众能力的修养，掌握各种科学知识的修养。他指出修养的最高境界是树立共产主义世界观。这次讲演的内容丰富、系统，而且理论联系实际，很多话都回答了学员们苦于找不到答案的思想问题，效果出乎意料的好。

下课时，从疏散的人群中传出一片称赞声：

"这个报告如果早半个月讲，我就可以少犯一个不服从组织分配的错误了。"

"批判教条主义是针对我的。"

"轻视自觉进行思想修养的例子是针对我的。"

…………

由于内容太多，讲演这天没有讲完。7月12日刘少奇又讲了一次。第二次主要讲共产党员在组织纪律方面的自我修养。

刘少奇作为党中央的领导人之一，长期在国民党统治下的白区从事秘密工作，党内许多同志对他并不十分了解。抗日战争全面爆发以后，他来到华北，在华北打开抗战新局面。对此，同志们虽有所闻，但是对他有如此深厚的马克思主义理论功底和深入浅出的表达能力知之不多。自从这次讲演之后，人们对他刮目相看了，"少奇同志理论水平高"成了大家对他的一致评价。

刘少奇的演讲轰动了延安城。马列学院的学员和中央机关干部们纷纷要求把它整理出来发表。刘少奇应当时的中宣部长和中央机关刊物《解放》杂志总编辑张闻天之约，夜以继日，一口气把7月8日那天的演讲整理出长达4万字的文章，标题叫"论共产党员的修养"。张闻天看过稿子，觉得很好，便把稿件交给责任编辑吴黎平。

按照规定，在《解放》周刊上发表重要文章都要经毛泽东审阅，责任编辑吴黎平把文稿送给了毛泽东审阅。毛泽东看完后写了一封信，说"这篇文章写得很好，提倡正气，反对邪气"，应该尽快发表。

1939 年 8 月 20 日、30 日和 9 月 20 日，《解放》周刊第 81 期、82 期和 83 期、84 期（合刊）陆续发表了《论共产党员的修养》的全文。11 月 7 日，在延安由新华书店首次出版了它的单行本。随后，各敌后抗日根据地的报纸、刊物也纷纷转载，并出版了各种式样的单行本。

后来，《论共产党员的修养》还被翻译成英文、日文、西班牙文、捷文、荷文等多种外文，以及蒙、维、朝、哈萨克等 13 种少数民族文字出版发行，影响遍及 80 多个国家和地区。

29 | 突破封锁线

1939 年 12 月到 1940 年 3 月，国民党掀起了第二次反共高潮。在华中地区，我党我军由于受王明机会主义路线的影响，没有在思想上、组织上准备和发展敌后游击战争，没有准备独立自主地建立抗日根据地，甚至反对建立根据地。又由于新四军副军长、军分委书记项英同志执行了王明的错误路线，使我党我军在华中抗战中的实际作用减弱，同华北和八路军的联系被隔断，陷于被敌伪夹击的危境。

中共中央命令成立中原局，刘少奇受命担任中原局书记，后又根据中央决定，将东南局与中原局合并，成立华中局，刘少奇担任华中局书记。1941 年 1 月皖南事变爆发后，新四军新军部在盐城成立，陈毅任代军长，刘少奇任政委。至此，以苏北为中心的华中敌后根据地形成，奠定了华中敌后长期抗战的基础。正当刘少奇在苏北为华中根据地的巩固发展紧张工作时，在延安的毛泽东和中共中央领导人，也在热切地关注着刘少奇，并酝酿要让他发挥更重要的作用。

1941 年 10 月 3 日，毛泽东不等政治局扩大会议结束，就发电报要刘少奇回到延安——

少奇并告陈毅：

（一）中央决定你来延安一次，谅已收到电报，希望你能参加七大。（二）动身时望带一可靠电台。（三）何时可以动身盼告。

可这时华中地区还有很多事情需要刘少奇处理，如果一下子离开，将对工作极为不利。刘少奇回电请中共中央考虑能否暂缓回延安。10 月 11 日，毛泽东复电再次表示甚望刘少奇参加中共七大，七大后即留他在延安指挥华中，行期可推迟两三个月。

中共中央和毛泽东一直关注此事。3 个月刚过，1942 年 1 月 12 日，中共中央书记处召开工作会议，又一次做出决定：致电华中局要刘少奇回到延安。第二天，发出电报："望少奇同志即将工作交代，携带电台，动身回延。"

在回延安的途中，中共中央书记处又打来电报，要他代表中央去山东根据地指导工作，解决中共山东分局和八路军第一一五师领导人之间的团结问题。

从苏北到延安，万水千山，交通艰难，中间又有很多是日伪军和国民党军队的占领区，光敌人设置的武装封锁线就有 100 多道。2 月

13 日，毛泽东致电给陈毅、刘少奇："少奇返延，须带电台，并带一部分得力武装沿途保卫。"2 月 20 日中共中央书记处又致电强调："护卫少奇的手枪班须是强有力的，须有得力干部为骨干，须加挑选与训练。"

毛泽东觉得这样还不保险，又给在华北前线的八路军副总司令彭德怀去电报，要他派人调查华中到华北沿途道路的安全情形，同时要刘少奇再等一等。3 月 21 日，毛泽东把彭德怀关于沿途敌情的电报转告刘少奇，并且又一次强调："必须路上有安全保障才能启程。"

可这之前的 3 月 19 日，刘少奇未等收到敌情电报就提前两天动身了。他自己对安全问题倒并不很在乎。既然决定走，就尽可能赶早。

1942 年 3 月下旬，刘少奇一行越过了陇海铁路，这是一条日伪军的严密封锁线，并在山东临沭县诸繁村找到了中共山东分局和八路军第一一五师师部驻地，与分局和师部负责同志开展紧张的协调工作。1942 年 6 月，刘少奇在中共山东分局会议上作《五年来山东工作基本总结与今后任务》的报告。后来，山东分局作出了《关于抗战四年来山东我党工作总结与今后任务的决议》，把刘少奇的一系列意见写了进去。这个文件成为山东根据地从困难、挫折转变到巩固、发展的一个纲领性文件。山东工作从此走出困境。

一因工作需要，二因前进途中安全难以保障，刘少奇在山东待了几个月。

1942年6月1日，毛泽东给刘少奇发来电报，从安全起见和山东工作统筹需要，征求他的意见，考虑让他以中央全权代表资格长驻八路军一一五师，指挥整个山东及华中党政军全局工作。过了一个月，交通安全状况仍未好转。毛泽东又发来一封很长的电报：

我们很希望你来延安并参加七大，只因路上很不安全，故不可冒险，仍以在敌后依靠军队为适宜。……你的行止，以安全为第一，工作为第二，以此标准来决定顿在山东还是仍回军部。

…………

在你确定行止后，中央即通知华中、山东及北方局付托你以指挥山东、华中全局的权力。

山东各项工作已顺利开展。十多天又过去了，刘少奇从毛泽东电文的关切中选择了党中央最重要的工作，他把个人安全放在了第二位，决定启程。

根据新的情况，为灵活应付沿途险情和行动方便，刘少奇将原先随行的100多人精简到18人，并一律穿便衣化装成老百姓。他自己化名老许，打扮成生意人。1942年7月下旬的一个下午，这个老百姓队伍离开诸繁村，继续向西北进发。

他们一行踏上鲁南便进入了敌占区。小分队白天埋伏睡觉，夜里赶路，在日伪军的据点之间穿行，或是从汉奸地主的庄园穿过。为了躲避敌人，过沭河就像当年红军长征渡赤水河，往返三渡沭河。从临沭到鲁南要过两条大河——沭河和沂河。这两条河都是南北流向，两河间相距有 10 多里，而日本鬼子在两河沿岸修建了许多炮楼据点。一次偷渡沭河成功后，准备连夜过沂河。可刘少奇一行来到河边时，未见预先约定的侦察员和渡船，如果等候到天亮就很危险了。护送刘少奇的一一五师独立旅旅长曾国华很着急，这时刘少奇的身上已被大雨湿透，他又患上了肠胃病。怎么办？眼看快天快亮了，要么强渡，要么折回隐蔽。大雨朦胧，虽能掩护强渡，但河面宽，考虑到敌人有过雨雾天加强防御的先例，刘少奇冷静分析道："目前是夏收季节，敌我对粮食的斗争正处激烈时期。我们白天经过的地方，有些是市镇，有可能走漏消息，当然，也有可能完全没有问题，但是，我们要从最坏的情况来考虑问题。"于是一行决定折回沭河东岸去。后来，曾国华得到的情报是：白天，敌人已得知有一支部队要在晚上渡河，敌人在大雨夜已在沂河西岸渡口设了埋伏。要不是刘少奇沉着冷静地作出准确判断，强渡的后果不堪设想。

穿越津浦路，来到微山湖边，日本鬼子正在疯狂扫荡，严密封锁了交通。刘少奇一行同接应的铁道游击队员，在湖上等了十多天，忍受寒冷和蚊虫叮咬，有时还一天吃不上饭。

从鲁南到陕北，途中敌我势力犬牙交错，情况十分复杂。根据地之间的中间地带都是敌占区。刘少奇一行只好这样一段一段，迂回前进，摸索通过。

从鲁西南地区到冀鲁豫边区，到晋东南辽县中共北方局和八路军总部驻地，再到山西沁源县太岳军区司令部，最后到山西兴县晋绥军区司令部，刘少奇一行像摸着石头过河一样，一个根据地一个根据地接力着过去。

毛泽东也时刻关注刘少奇离开山东后一路上的安全保卫工作，一路发出电文：

少奇同志过路，你们派人接护时须非常小心机密，不要张扬，但要谨慎敏捷。

1942年12月，刘少奇一行终于安全进入陕北境内。12月30日，顺利到达延安。随行警卫们回想起沿途艰险，仍然心有余悸，扳着指头一数，此行历时9个多月，穿越了敌人103道封锁线，行程3000里，可算得上是一次"小长征"了。

30 │ 磨声悠悠

刘少奇在山东工作时，一段时间住的民房，民房右边是一个厕所，厕所窗外有一个简易棚的碾坊。房东为不耽误白天的农活，每天这时候就摸黑来到碾坊开始推磨。

"嘎吱嘎吱……"

天色渐亮时，房东碾坊的磨声又响起了。刘少奇才刚刚脱下衣服躺下。秘书和警卫人员却怎么也睡不着：首长一连几天就这样在磨声中、半醒半梦中囫囵打个盹儿，第二天又照常工作。他身体本来就虚弱，这样不得累坏了。

刘少奇白天调研工作紧，夜里整理调研资料、听取汇报，加上他酷爱读书学习，夜里忙完工作还得完成读书学习任务，那段时间几乎都是天刚刚泛亮才熄灯上床。这时磨声又一次响起，近在咫尺，声声入耳。刘少奇在床上辗转反侧，不得入眠。

几天后，秘书和警卫人员不得不同刘少奇商量，是否提醒房东，要他改换推磨的时间。

"不行。"刘少奇不同意，他解释说，"老乡长此以往养成了这个习惯，要人家改多为难。人家要养家糊口，必须精打细算。农民这个时间早起推磨是最合算的，只摸一阵子黑，外面的光线越来越亮，免得点灯，节省灯油，又不占用白天上工的时间。千万别打扰了老乡，你们早点睡，我们都克服克服，慢慢也就习惯了。影响我们睡眠事小，影响老乡吃饭可是大事呢！"

"嘎吱嘎吱……"一天又一天，工作人员在磨声中醒来就怎么也睡不着了。他们睡得早，还只少睡一会，首长可是刚刚熄灯上床，天天这样，怎么行？

刘少奇看出了工作人员起床时的那种懊恼和无奈，便主动找他们，说起毛主席就有句"要学会在车站看书"的名言，还给他们谈起闹中取静的绝招，更讲述了自己这些日子如何从慢慢接受到开始习惯的绝招：你不要老是想着它是噪声，你睡在床上想起老乡一边推磨，一边在欣赏自己劳动成果的喜悦，农民脸上展开的皱纹、堆起的笑容……于是，噪声就自然而然变成了美妙的、节奏明快的音乐声。闭目想起农民的笑脸，并为笑脸配乐，这种音乐不就是世上最美的音乐了，不就是最好的催眠曲嘛！

但后来每次磨声响起，工作人员留心到刘少奇还是一时难以入睡。

一次，工作人员商量，不再要刘少奇同意，稍稍提醒房东一句：

首长每天睡得太晚。

　　刘少奇马上察觉，再次极力反对："你们要多为群众着想，不能只顾我们的工作。我们的工作本来也就是为了群众呀！"

　　这样，老乡的碾照磨，刘少奇的觉照睡，工作照干。一直到刘少奇离开这家老乡，老乡的生活规律也没有因为刘少奇的入住而改变。刘少奇后来也慢慢习惯了，伴着"笑脸"入睡，伴着磨声入眠。

31 | 瓜田李下

1942 年 8 月的一天，天气炎热。夜行军到午夜时分，大家的精神状态又进入了最低点，刘少奇也不例外，开始一边打瞌睡一边走路。后面的人冷不防一个趔趄撞到刘少奇身上。

见状，一个战士立即从口袋里掏出白天摘来的石榴，递到刘少奇手中："首长，你提提神吧！"

"嗯，什么东西？"刘少奇根本看不清手上接过来的是何物。

"石榴，酸的，可以提神醒脑。"

"哪来的，是不是从老乡的果树上摘来的？"刘少奇想起白天休息的地方有石榴树，便很严肃地问战士。

"我……我白天摘的。"战士照实说了。

"你违犯了群众纪律，今后要注意。"他批评了几个摘石榴的战士，但没有过分责备。他也感觉自己困得不行了，眼睛睁不开，脚却还在做机械运动，遇到高低不平处是很危险的，所以也只好本能地将石榴籽塞进嘴里了。

一次部队路过一块瓜田，大家又热又渴，警卫员一见圆滚滚的西瓜，便直流口水："太好了，咱们吃一个再走吧！"随即又眼巴巴地望着刘少奇。

"你是不是真正关心群众的利益，就要看这种场合。"刘少奇没有直接答话，只提醒大家要经得住考验，"假如大部队从这里通过，口渴了都随手去摘瓜，几千号人，你一个，我一个，不一下就把这片西瓜瓜分光了。那么，老乡一年的生活不就没着落了？这样的队伍是老百姓的队伍吗？你去千遍万遍向老乡解释，老乡都难以相信你呵！你说吃这瓜值吗？"

看到大家默不作声，考虑到战士们确实也有苦衷——每天活动量大，进食既少又差，很多人还是小伙子，正是长身体的时候，难得口馋，他心里也不好受。于是，刘少奇向大家讲述了这样一个道理：

"当然，我们革命就是为了老百姓。保存革命力量是符合革命利益的。比如，在长征时，我们没有粮食吃，又不能眼睁睁地等着饿死，只好打了借条向群众借，以后再设法偿还。可是，我们现在还没到不摘几个西瓜解渴就不能把革命力量保存下来的地步，你们说是不是？"

战士们听了刘少奇一番话，心服口服，点头称是，继续打起精神，向前迈进。

有一次，部队在一个村子里宿营。村子里空荡荡的，不见一个人影，更看不到一粒粮食。原来，因日寇在此疯狂扫荡，为了反"三光"，老百姓只好背井离乡，空室清野，把能带走的东西全部带走了，实在不能带走的则全部埋到了地下。

刘少奇一行已好几天没吃饭了，再不吃点就无法行军，得想想办法。大家只好分头去找，希望多少能弄些吃的，暂且应付一下辘辘饥肠。

于是大家便四散开来，看能不能找到一点粮食。一位同志来到一座山头后面，发现一个破旧的茅厕旁有些浮土，在上面跺跺脚，觉得声音特别，料想下面可有地窖，马上叫人挖的挖，刨的刨。不一会儿，几个金灿灿的南瓜露出来了，南瓜底下还压着一小布袋小米。

欣喜之余，大家商量：刘少奇同志年纪大，肠胃又不好，用这点小米熬稀饭给他吃；南瓜不易消化，则熬成糊糊大家吃。

刘少奇听到了说话声，赶紧过来说："不要单独给我做稀饭，把南瓜、小米合在一起煮一大锅，这样既营养又抵饿些。"他说话时见南瓜和这一点小米，一阵心酸，说："看样子村里都是些贫穷人家，生活很苦，他们还指望回家拿这些东西过冬呢。我们今天也再没别的办法，吃了一定要记下这笔账，将来我们要给老乡南瓜还小米，小米还大米。"

糊糊煮好了，同志们把第一碗先端给了刘少奇，可他仍不肯先吃，一个劲地推。他说让战士们先吃，战士们还要准备继续战斗，最辛苦，他少一顿问题不大。

　　直到大家都吃了，他才端起分配给他的那一搪瓷缸子的糊糊。

　　反扫荡过后，刘少奇派战士找到了那家老乡，让老乡"丢失"的小米和南瓜得到加倍偿还。

32｜"三天不学习，赶不上刘少奇"

刘少奇爱好读书学习，惜书如命。长征路上爬雪山、过草地，为了不丢弃一本书，他把善于行军的马让给别人，换成善于载重的骡子，用来搬运书籍，而自己宁可走路。

他每天坚持读书学习到深夜，无论战事如何紧张，工作如何忙碌，都雷打不动。他十分善于挤时间，能充分利用点滴时间。1942年，刘少奇奉调从苏北回延安工作，尽管路途遥远，艰难得可谓是一次"小长征"，他仍带了许多书籍，路上一有机会就读。在那一年里，刘少奇跋涉几千里，越过日伪103道封锁线，途中还参加了滨海、沙区、太岳区三次大的反"扫荡"战斗。就在如此危境之中，他不但指导了沿途各地的工作，而且抓紧一切时间读书，把中国历史和中国哲学史比较系统地学了一遍。路过微山湖时，刘少奇在铁道游击队的掩护下住了几天。虽然离敌人的炮楼很近，但他镇定自若，坐在一条小船上，白天用竹竿挑起一块被单遮阳，晚上点上小油灯，照样读书、谈工作。有一段时间他住在赣榆县大树村，老乡们留意到刘少奇屋里的灯总是通宵长明，窗影里见他不是在捧着书读，就是伏案写作，隔一会儿他又会到院子里转转，还不时朝天上看看。东方破晓时，老乡起来喂牲口了，他还没睡。老乡们也不知这人是谁，都觉得奇怪。有的人就说，可能是共产党请来的一个"星相先生"，天天晚上观测星云，能预测未来。后来，大树村的老百姓在敌人扫荡的日子里，游击队战士们指导大家抢时间把田里的庄稼归仓时才明白，"星相先生"每晚观星云正是在为了乡亲们择期抢收而操心。当然，共产党的军队在赣榆县老打胜仗，老百姓也认为是这"星相先生"的神机妙算。

　　每当刘少奇身体闹毛病得住院或休假疗养时，他就利用这一时机系统地读书学习。医护人员劝他，这是治病、疗养期间，最需要静心好好休息。他却说："学习是另一种形式的休息！"

　　一天深夜，新四军支队司令员张爱萍去看望刘少奇。此时已深夜一点多了，他怕打扰到刘少奇休息，但又隐约见他窗户里透出亮光。这是敌后的一个小村庄，漆黑一片，秘书刘彬已熬不住先睡了。张爱萍警觉地先推醒秘书刘彬，得知刘少奇并没有休息，亮灯是在读书学习。刘彬说这是常事，有时他读书到凌晨两三点钟才睡。看到张爱萍进来，刘少奇才把书合上，和他谈起了学习和工作。从刘少奇屋里出来时，天已透亮，张爱萍看着刘少奇映在窗户上的身影，不禁想到，以前自己总认为战事紧张，无暇读书，可自己难道还有刘少奇工作忙吗？从此，张爱萍也悄悄地向刘少奇学习，再忙也挤时间读书学习。

据传，毛泽东后来也说过"三天不学习，赶不上刘少奇"。毛泽东爱读书学习是全党早已闻名的，床上三分之一堆满书，出差一趟带上几十箱书，上餐桌和上厕所都手不离书。此话从毛泽东嘴里说出，在很大程度上是一种自谦，或是想要唤起全党努力学习之风，但也从侧面反映了刘少奇博学勤思的可贵品德。刘少奇一生到底读过多少书我们无法统计，但有一点可以肯定，他是我们全党努力读书学习的一个典范。

33 | "毛泽东思想"的提出

1945 年 4 月 23 日，具有重大历史意义的中国共产党第七次全国代表大会在延安隆重开幕。这是中国共产党历史上划时代的大会。自从 1928 年 6 月召开党的六大以来，中国共产党在 17 年间经历了无数艰难曲折。在毛泽东同志的正确领导下，我党终于发展壮大成为拥有 121 万党员、91 万军队、9500 万人口的解放区的大党，这一成绩令所有参加会议的人为之振奋。

会议在杨家岭南侧山根下的中央大礼堂举行。会场主席台上方悬挂着"在毛泽东的旗帜下胜利前进"的红色横幅。会议上，刘少奇作了《关于修改党的章程的报告》，因其确立毛泽东思想在全党的指导地位而载入史册。而这一伟大功绩是和刘少奇的名字紧紧连在一起的。

从 20 年代末以来，毛泽东把马克思主义理论运用于中国的具体实践，深刻总结中国革命的经验，形成一系列著作。从延安整风运动以来，延安理论界就陆续有人提出"毛泽东的思想"等提法。1943 年 7 月，刘少奇、王稼祥等在纪念中国共产党成立 22 周年的文章中，进一步阐述了这种提法。刘少奇在其文章中就提出了"毛泽东同志的思想""毛泽东同志的思想体系"，王稼祥则明确提出了"毛泽东思想"的概念。这种发展趋势，是全党逐步认识到毛泽东是把马克思主义的普遍真理同中国革命实践结合起来的模范在理论上的反映。这种反映是党的历史发展中的必然，也是革命斗争实践进步发展的需要。刘少奇又在修改党章的报告中，对毛泽东思想作出了完整的概括和系统的阐述：

我们的大会应该热烈庆祝：在中国共产党产生以来，产生了、发展了我们这个民族的特出的、完整的关于中国人民革命建国的正确理论。这个理论，已经指导我们党与我国人民得到了极大的胜利，并将继续指导我们党与我国人民得到了最后的、彻底的胜利和解放。这是我们党和我国人民在长期奋斗中最大的收获与最大的光荣，它将造福于我国民族至遥远的后代。这个理论，就是毛泽东思想，就是毛泽东同志关于中国历史、社会与中国革命的理论与政策。

他还在报告中就毛泽东思想产生的必然性和形成过程作了全面阐述。指出：

百余年来，灾难深重的中国民族和中国人民，为了自己的解放而流血斗争，积有无数丰富的经验，这些实际斗争及其经验，不可避免地要形成自己的伟大理论。……由于中国资产阶级在政治上、经济上的软弱性及其与人民联系的缺乏和思想眼界的局限性，他们的代表者，纵也能提出一种革命的纲领和一定的民主思想，却不能形成有系统的革命理论……这种理论只能由中国无产阶级的代表人创造出来。

刘少奇最后精辟地指出：

毛泽东思想，就是马克思列宁主义的理论与中国革命的实践之统一的思想，就是中国的共产主义，中国的马克思主义。

毛泽东思想，就是马克思主义在目前时代的殖民地、半殖民地、半封建国家民族民主革命中之继续发展，就是马克思主义民族化的优秀典型。它是从中国民族与中国人民长期革命斗争中，在中国伟大的三次革命战争——北伐战争、土地革命战争和现在的抗日战争中，生长和发展起来的。它是中国的东西，又是完全马克思主义的东西。它是应用马克思主义的宇宙观与社会观——辩证唯物论与历史唯物论，即在坚固的马克思列宁主义理论的基础上，根据中国这个民族的特点，依靠近代革命以及中国共产党领导人民斗争的极端丰富的经验，经过科学的缜密的分析，而建设起来的。它是站在无产阶级利益因而又正是站在全体人民利益的立场上，应用马克思列宁主义的科学方法，概括中国历史、社会及全部革命斗争经验而创造出来，用以解放中国民族与中国人民的理论与政策。它是中国无产阶级与全体劳动人民用以解放自己的唯一正确的理论与政策。

刘少奇全面论述了毛泽东思想的9个方面的基本内容，把延安整风运动以来党内对毛泽东思想学习和研究的成果提高到了一个新的水平。这些科学论述，成为迄今为止还在使用的毛泽东思想的经典定义。

在此基础上，刘少奇在增加的党章总纲中，还明确规定：把毛泽东思想作为我们党一切工作的指针，反对任何教条主义与经验主义的倾向。并动员全党一切干部，学习宣传毛泽东思想，用毛泽东思想武装头脑。这一规定，对于统一全党思想，推动中国革命的发展进程，夺取新民主主义革命的胜利和以后社会主义革命及建设的胜利，起到了巨大的历史作用。

历史证明，刘少奇阐发毛泽东思想是具有历史远见的。

1945年6月9日和10日，中共七大进行中央委员会的选举，刘少奇以543票的全票当选为中共中央委员。在以后召开的七届一中全会上，刘少奇又当选为中央政治局委员。会议同时选出由毛泽东、朱德、刘少奇、周恩来、任弼时5人组成的中央书记处。以毛泽东为核心的中共中央第一代领导集体正式形成，刘少奇也成为中国共产党核心领导人，开始驾驶中国革命和建设的历史航船。

34 | 修养楷模，党员范仪

　　肠胃病是刘少奇的痼疾。他经常胃痛得吃不下饭，时常要抱一个热水袋焐在胃部以缓解疼痛和帮助消化，有时出去作报告也要带个热水袋。召开全国土地会议时，代表们看到刘少奇一只手焐着热水袋，又用胸口抵住热水袋在讲台上作关于土地的报告，台下知情的人都非常感动。

　　药物对胃痛不见效果时，他常用这种物理止痛的办法。据说他那焐在胸口的热水袋有时水温加得很高，热水在外部烫敷既可以直接缓解疼痛，又能帮助胃部消化食物，改善食欲。物理止痛，一步到位，这也是他个性的表现：刘少奇性格刚强、直率，在党性修养上说到做到，为人做表率，原则性很强，对自己要求很严，对同志也要求很严，有时表现出像他那焐在胸口的热水袋一样，急于"一步到位"。

　　解放战争一年多后，战争形势发生了根本变化，国民党军队由攻势转入守势，人民解放军乘胜前进。1948 年 11 月 24 日，是刘少奇 50 岁生日，中央机关的同志想借刘少奇的生日庆贺一下，表达对刘少奇的敬爱。这天，他们悄悄准备了寿桃、寿面、礼品，还布置了会场。刘少奇知道后很生气，硬是拒绝参加祝寿会，并把有关负责人找来严肃地批评了一顿。

"这样影响很坏，你们这不是爱护人，客观上是想宠坏人啊！"他严肃之后，又耐心地说，"你们这样做很不好。现在前方、后方都在为解放战争而战斗、工作，我们都要在这个大目标上用心尽力，支援前线多打胜仗，早日解放全国。"

他又接着说："不但现在的环境下我们不能这样搞，就是新中国成立后，也不能做这种事情。我们共产党人是人民的公仆，要为人民造福，祝寿的事情，永远也不能搞。"

一时受了委屈的负责人，听了刘少奇的一席话心悦诚服，当即向刘少奇认错。刘少奇严肃认真地拒绝了同志们为他设宴祝寿，但拒绝不了朝夕相处的战友们要献给他的一片心意。中央机关东初移到西柏坡，住房较少，刘少奇与新婚的王光美同朱德合住一个小院子。朱德在生活和工作上非常了解和关心刘少奇。在刘少奇生日这天，朱德欣然为刘少奇写下一首热情的五言诗，作为对他生日的祝贺：

少奇老亦奇，天命早已知。

幼年学马列，辩证启新思。

献身于革命，群运见英姿。

人山人海里，从容作导师。

真理寻求得，平生能坚持。

为民作勤务，劳怨均不辞。

党中作领袖，大公而无私。

群众欣爱戴，须臾不可离。

修养称楷模，党员作范仪。

今年虽半百，胜利已可期。

再活五十年，亲奠共产基。

35 | 拆　墙

中央机关初移西柏坡时，房子较紧张，备房人员安排刘少奇和朱德同住东岸上阎大爷家的前后院里。

阎大爷家在西柏坡是少有的宽绰户：前后两个院，外加一个东偏院。中央工委到来时找阎大爷商量，为使首长办公时不受打扰，在东偏院与前后院间垒上了一堵墙，让刘少奇住前院、朱德住后院，阎大爷一家住东偏院。

刘少奇每天早晨起床后，先在院里散步，十来分钟后回到屋里，洗漱完毕，喝下半杯白开水，然后就读书或起草文件。当然，他也常接待送文件、电报或请示工作的人。朱老总也常过来或刘少奇到朱老总住屋研究工作。其他时间刘少奇都忙于工作，白天整天不出屋。他晚饭后常在院里走走，有时偶尔出院在外面转转。

刘少奇住到柏坡的第一天早晨，起床较早，刚走出院东北角通往东偏院的角门时，正好碰上大奶奶端个尿盆儿过来，双方都有点儿尴尬。他晚饭后散步时，又碰上大奶奶吃力地提着泔水桶，从大门过来喂猪。

第三天晚饭后他照常散步，却未出院，只从北走到南、从南走到北，目不转睛地细细观察什么。见他突然驻足打量起墙上那层掺着麦秸的红泥土，原来还没干。他在那里站了一会儿，思索了一会儿，然后从角门走出去，进了阎大爷住的东偏院。

"大爷在吗？我来家看看。"叫"大爷"是刘少奇对房东的尊敬，论年纪他是不能这样称呼的。

大爷已给全家人打过招呼：绝对不能打扰刘书记和朱总司令的工作。这样的大人物忙的都是大事，咱农户人家能住上他们，是全家人的大福气。还有对外人别乱说话，人家问就说隔了墙，都不认识他们。因此，除了阎大爷同刘少奇和朱总司令见面打一声招呼外，一家人见了他们都装作不认识。

对于刘少奇的到来，阎大爷全家人都很意外，没想到这样的大人物会来老百姓家串门。二老忙递烟、沏茶，孩子忙搬凳子，忙作一团，不知如何接待客人才好。

"别忙别忙，没有什么事，我只是来串串门的。"刘少奇边说边找院中闲着的草墩坐上，让这一家人安稳下来。

刘少奇坐下后便亲切地同大爷拉家常，问家里几口人，孩子多大了，全村多少户、多少人……最后问到了院中这堵墙。

"这是刚垒的吧？"

"嗯。"大爷笑着说，"是你们来以前垒的。"

"是你们自己垒的，还是别人叫这样垒的？"

"工校（为了保密，中央工作委员会对外称工校）来之前，管备房的跟我商量了以后垒的。"

"不垒墙院子很宽敞，你为什么同意垒呢？"

"垒上墙，工校的首长工作方便啊！"

"工校方便，可你们一家喂猪、上厕所却不方便呢。"

"没关系没关系，这都小事，只多走几步。"

"工校在这里不只是住十天半月的，长时间这样会影响你们生活。"

刘少奇没等大爷回话，便用商量而肯定的口气说："我想跟你商量一下，你如果同意的话，咱们把这墙拆掉吧。"

商量了好一阵，大爷都没表态。可刘少奇早听出了大爷的话，一家人是愿意拆掉这堵墙，只是又担心影响首长的工作。

第二天，卫士长李长有就带领人来到阎大爷家，征得同意后就动手借铁锨和镐拆起来了。一会儿，刘少奇也过来帮着拆墙，还要大家小心，别把垒墙的干坯弄坏，都垛到围墙边，以后还可以利用上。大爷全家也一齐动手，不一会儿墙就给拆了，院里顿时宽敞明亮了许多。

"这多好啊，我们真正成一家了！"刘少奇高兴地对大爷说。

"我们本来就是一家么！"大爷说得分外高兴，一家人也乐呵呵笑着。

　　从此，两家人来往密切多了。刘少奇休息时，几乎天天要跟大爷坐一坐，拉拉家常，或了解村里的情况。大爷大妈把刘少奇当兄弟，孩子们把刘少奇当成了长辈，时常说笑打闹，一家子好不亲热。

36 | "人民的长工"

刘少奇有个大侄儿，名叫刘敦侯，年龄只比刘少奇小几岁。新中国一成立，报纸、广播都传来刘少奇身居党和国家要职的消息，刘少奇也几次给家里寄家信，还特地问候大侄儿敦侯，敦侯高兴得嘴都合不拢。他想，九叔在北京做了大官，找九叔帮忙进城谋个差事应该不难。自己虽只有一身力气和耕田种地的本事，但郭侯相信有靠山，干什么都不是问题。

一天，敦侯来到了中南海。他以为九叔门边会有枪兵护卫，有打手保镖，威风凛凛，一派官气逼人。谁知一见面，刘少奇除了头发花白了些，脸上生了皱纹，别的没什么区别，说的还是一口宁乡话，穿的普通布衣服，也不见仆人前呼后拥，餐桌上多是蔬菜，桌中央摆的是敦侯从宁乡带来的腊肉。

敦侯问刘少奇："九叔，这就是你这个大官的生活呀？"

"敦侯说错了。我不是官，是中国人民的公仆，也就是人民的长工。"看敦侯一时傻了眼，刘少奇接着说，"做长工你懂的，是人家雇佣的。我是人民雇佣的，人民才是主人，九叔只是个仆人呀。"

"哈哈……"一阵爽朗的笑声，敦侯也不再追问自己一时听不明、看不懂的九叔，笑声更把刘少奇带到叔侄俩小时候在炭子冲烂漫童趣的生活：叔侄俩自小一块在山里放牛，在塘里洗澡，在路边追打……后来，家里种几十亩水田，敦侯成了主要劳力，他身高体壮、力大如牛，无论是种田还是打柴、码草、养鱼、喂鸡，都是一把好手。当年自己外出求学，他却在家练成了农家的好把式。多亏这位差不多同龄的侄儿代自己支撑了那些家务。叔侄分开几十年，各自饱经风雨，虽然自己一路拼过来十分不易，但一摸到侄儿那双满是厚茧的粗手，刘少奇不禁心疼，泪水噙满眼眶。

敦侯终于向刘少奇提出了自己的请求，想要九叔帮忙搞个干部当当。

屋子里顿时安静了下来，刘少奇擦掉泪花，耐心地对他说："新中国刚建立，各项建设刚开始，最需要粮食和农产品，当农民应是最重要、最光荣的职业。家乡有句老话说'农民不作谷，饿死帝王君'嘛！我们当前最重要的是尽快振兴农业，解决衣食问题，使全国人民吃饱肚子好从事建设。你是作田能手，力气又足，当农民最适合。生产粮食是最光荣的事业，我们都是在你们的支援下才能工作。民以食为天，你是生产粮食的，是人民的天，多么重要的工作呀。我希望你回到家乡带头种好田，多打粮食支援国家建设。"

"我劝你还是在这个光荣而又能发挥自己专长的岗位上去做贡献。"刘少奇最后又郑重地对敦侯说。

敦侯点了点头。

刘少奇又说："共产党不兴通过私人关系，靠面子、靠背景安排亲属的。干部任免有专门机构办理，用人的宗旨是唯公唯贤，不是唯私唯亲，要经过审查考核，根据德才量力录用。我虽然是党的领导干部，也没有权力私自用人，这才叫新社会呀。"

敦侯心境豁然明朗，懂得了九叔说的"人民的长工"的内涵，他愉快地回到了农村。

从此，敦侯一直在花明楼炭子冲安心从事农业生产，后来成为科技种田的能手。几十年来，他再也没有想跳出"农门"，也没有因私事再找过刘少奇！刘少奇更为大侄儿自食其力、安分守己而欣慰。

37 | 买单车

1953 年，刘少奇的一个侄子刘允亮在北师大附中上学，因教室离宿舍较远，每天往返要走很多路，刘允亮便向婶婶提出要买一辆自行车。

那时，骑自行车的人很少。王光美把刘允亮的这个要求告诉了刘少奇。

"这事由我来办好了！"刘少奇说。

不几天，刘允亮听说叔叔找自己谈买单车的事，高兴得直蹦。他以为叔叔同意买单车了，老远便喊着叔叔，飞快地来到刘少奇办公室。

可是，刘少奇见到他并不问单车的事，而是问他在学校的学习情况。刘允亮盼单车心切，简单地回答了相关问题，焦急地等着刘少奇询问单车的事。

"你们宿舍离学校多远？"刘少奇转了话题。

刘允亮认为关键问题到了，他如实地说了路程后，给刘少奇详细地描述了每日往返要走几趟，走多少时间，走得有多么累等情况，还说家里有单车的同学如何快活……刘允亮本想打动叔叔，却发现叔叔脸上并没什么反应。

"你们学校有多少学生？"刘少奇问。

"一千多个学生。"刘允亮见叔叔的话题又离开单车了，感到有些意外。

"那骑自行车的多，还是不骑自行车的多？"

这时，刘允亮才明白叔叔问话的用意，只好如实回答："不骑自行车的人多。"

刘允亮将视线移去一旁，心里有些失望。

刘少奇拉过侄子的手，要他看着自己说话："你为什么不能向不骑自行车的人学呢？要同大多数人打成一片嘛！不能搞特殊。历史上有好多家境贫寒的名人都是在艰苦的环境中刻苦学成的。我看，年轻人多吃点苦没有坏处。"

见刘允亮耷拉着头，刘少奇又说："我是你的亲叔叔，这不假。但你不要总想着你叔叔是什么官，而要时刻想着自己和普通群众子女没什么两样。做官是旧社会的说法，今天的官都是人民的勤务员，何况子女亲属。就连叔叔也不可有任何特殊之处，你能做到这一点吗？"

刘允亮抬起头，看着叔叔，点头说："能。"

自从那次表态以后，刘允亮脑海里常常回响叔叔的话，再也不提买单车的事了。他和大多数同学一起步行上下课，风雨无阻，且不再迟到。

刘允亮还从叔叔关于"单车"的谈话中，慢慢懂得叔叔所说的"同大多数人打成一片"的深刻意味。从"单"到"大多数"，他在不断加深领会共产党"为大多数人谋福利"宗旨的伟大意义。

38 │ "约法三章"

刘少奇自从当选为全国人大委员会委员长后，他担心身边的工作人员会在人前盛气凌人，所以每来一位新同志他都要与其"约法三章"，尤其是秘书。1956年3月，组织新调来了刘振德做刘少奇的秘书。

刘少奇招呼刘振德靠近自己坐下，打听他的经历。谈话中，刘少奇了解到他因家里穷，只念过两年小学。刘振德因读书少，觉得秘书比首长还文化水平低，十分惭愧，担心干不好工作。

刘少奇见他有此顾虑，安慰道："读书多少并不是绝对的。很多工农干部，包括现在的一些部长、中央领导人，也没念过很多书，有的原来是木匠，有的是店员，后来都在革命工作中锻炼，不断提高，现在工作做得不是都很好嘛。你到这里来工作，也还可以学习嘛，这里的学习条件还是很好的。"

看刘振德不再拘谨了，刘少奇才给他谈工作："到我这里来做秘书工作，第一是要如实向我反映情况，要说老实话，办老实事。凡是要经过我办的、要请示我的事情，你们不要自作主张；对外要如实地传达我的意见、我的话；不要以我的名义干其他个人的、别的事情。

"第二，你过去长期做机要工作，保守机密这一点你是懂得的。在这里工作，有些事知道得早一点、多一点，不能搞小道消息，对谁也一样，包括我的孩子，都一样。

"第三，对外联系、传达我的意见，或人家打电话来，要注意态度和蔼、谦虚、有礼貌，不能盛气凌人；要埋头苦干，夹着尾巴做人。处理问题要及时，要紧张而有序地工作，轻重缓急要安排好。"

这三条，应该是刘少奇多年来为秘书工作总结出来的经验，也是他长期以来对身边秘书人员的"约法三章"。尤其是连秘书接电话的态度都考虑到了，可见刘少奇的心思是有多么细腻。刘振德心里很感动，因为这对刚到的新同志来说，是如此具体到位，这更是一种关怀和帮助。他把这三条，记在了本子上，记在了心上。

39 | 劝孙女归田

刘少奇的侄孙女刘维孔，1957 年在北京的一所中学毕业，没有考上大学。当时，她可以服从学校的安排去当小学老师或去国营农场工作，或来年再报考。她想来想去拿不定主意，但待在家里又不甘心，于是便去找了叔祖父刘少奇。

来到刘少奇家里，刘维孔向叔祖父谈了自己的想法、工作去向、理想前途。刘少奇仔细听，了解孩子对未来已有了自己的基本打算。

刘少奇却对刘维孔的下一步发展明确表示："我的意见是下农村去，回老家去当农民。"

对刘维孔来说，去当农民，是她毫无思想准备的。可以想象当时她心里的愕然，她脸色猛一愣，头一扭，不吭声了。

刘少奇见她一时想不通，和蔼地对孩子说："我们老一辈的人总是要死的，青年一代总要去接老一代的班。我们的革命事业要交给谁呢？一定要交给对工人、农民有深厚感情的人，对生产内行的人，受到群众真心拥护爱戴的人。中国的农民占全国人口的80％，不把农村搞好，中国就搞不好。农村是比较艰苦的，你是革命的后代，应当到别人最不乐意去的地方，到最艰苦的环境中去，这样才能更好地磨炼自己。"

刘少奇见刘维孔的头慢慢转过来了，脸上有了听课的表情，接着说："你不是共青团员吗？不是还想争取入党吗？共产党员要吃苦在先，享乐在后，要先天下之忧而忧，后天下之乐而乐。过去搞革命，是拿自己的生命和敌人拼，现在和平环境下，革命不革命看你能不能带头吃苦，到别人不愿意去的地方去，到环境最艰苦的地方去。"

屋子里寂静得无任何杂音，革命前辈为美好生活流血奋战的枪炮声在刘维孔耳畔回响。

刘少奇见刘维孔抬了抬头，又意味深长地对她说："事情来了，你都挑选待遇低的、条件艰苦的去做。头一次两次，有的人会说你是傻瓜，但是10次100次而且一贯这样做，别人就会说你是好同志。你再好好想想，想好了，有决心下农村去，我还有话跟你谈。"

刘维孔这次在刘少奇家住了3天。在这3天里，她在脑海里展开了激烈的思想斗争，想到回宁乡老家务农，将会一身泥一身汗，日晒雨淋；可一见到叔祖父，看刘少奇饱经风霜的脸庞，又回想起叔祖父平常讲刘少奇那枪林弹雨中的故事，她更是吃不香、睡不甜。后来，她干脆跑回了学校与老师和同学们商量，听听大家的意见。老师和多数同学鼓励她按照刘少奇教导的去做。刘维孔逐渐坚定了下乡当农民的决心，再一次来找刘少奇。

刘少奇见孩子又找来了，心里很高兴，并招呼刘维孔坐在自己身边的沙发上。

"这么些天没有答复我，跟我谈谈你是怎么想的。"刘少奇关切地问。

"呜……"刘维孔一时答不上来，却禁不住哭了起来。她这时心态复杂，想到快要与叔祖父分别了，离开北京下到农村去，担心农村会遇上困难。

刘少奇却说："哭什么呀！你回家生产，贫下中农是欢迎你的。贫下中农欢迎的事，你应当高兴才对，应当笑才对哩！"

听刘少奇这么一说，刘维孔又破涕为笑了。她向叔祖父谈了这些日子的思想斗争过程，刘少奇一边抽烟一边耐心地听她讲，关键处也不时提出自己的意见，并启发刘维孔谈怎样下决心回老家务农，畅谈将来的理想与前途。

等刘维孔一说完，刘少奇打开了话匣子："回家以后，你先要扎扎实实搞好劳动，先不要去干小学老师和会计之类的工作，要把所在地方的田底子摸清，好好地向老农学习农业技术，把人与人之间的关系搞清楚。跟别人打交道时，要时时关心别人，帮助别人，体贴别人，可做点帮助人家认字、写信这些事。遇到困难的事自己要先干，要舍己为人。跟别人来往，不要占人家的便宜。爱占小便宜的人是思想上、政治上不健康的人，是不值得信任的人，这样的人到头来还是要吃大亏的。在任何情况下，不要去做见不得人的事，纸是包不住火的，做了坏事，将来总有一天会被别人发现。"

刘少奇又手指着刘维孔，特别叮嘱："回去以后，还会有人讽刺、讥笑你，说你高中毕业回家滚泥巴是傻子，种地丢人。你自己要站稳脚跟，不要动摇，对别人要耐心解释。思想上一定要做好吃苦的准备。"

刘少奇又大加勉励："劳动几年以后，论生产你是内行，论文化你不低，论群众关系你也不差，这时如果群众推选你当队长，你可以当了。你要是真有本事，把一个队搞好，产量比别人高，就可以把你的经验向别人介绍，向全国推广。这就叫脚踏实地，胸怀全局，有远大的理想。青年人要把自己的理想前途与人类的前途紧密结合在一起，急人民之所急，想人民之所想。这样，人民有了前途，自己也就有了前途。"

最后，刘少奇关切地说："下去有什么困难可以来信。多给我反映农村情况，多反映农民的思想情绪和要求。"

刘维孔愉快地回到了宁乡花明楼老家落户，并坚持在农村度过了十几个春秋。她也真正懂得了叔祖父让她当农民、下基层的深远含义。

40 | "先抢救人民"

"前面有情况！"

"小船危险！"

…………

那是 1960 年 4 月，刘少奇乘船考察长江流域。在考察完葛洲坝后，刘少奇乘一艘中型客轮顺江东下，驶向武汉。傍晚的时候，轮船刚过宜昌，忽然天空乌云滚滚，随之狂风裹挟着雨水呼啸而来，轮船剧烈地颠簸起来。经验丰富的船员们心里也不免受惊，因为他们的船上有一位特殊的乘客。船长狂奔到驾驶舱，水手们各就各位，其他船员也纷纷拥上甲板。

船长命令打开探照灯。雪亮的光柱投向江面，划破夜空，似乎给人们增添几分安全感。

忽然，船员们发现距轮船不远处，几只小船在咆哮的巨浪中，一会被托上浪尖，一会又被压到谷底，危在旦夕。小船上的惊呼声让人心焦难耐。

客轮上的船员们几乎都本能地发出不同的信号：

"怎么办？"

"我们总不能见死不救吧！"

"我们的任务是保证主席的安全，偏离航道去救他们，恐怕自身都难保呀！"

"赶快呼叫其他船只来救！"

…………

甲板上，议论纷纷，大家左右为难，一时拿不定主意。

摇摆不定的船身惊动了正在伏案审阅文件的刘少奇，他赶紧走出船舱，打听出什么事了。当知道附近有小船危险时，他二话没说，当即命令船长："马上救援！"

船长却还在犹豫："我们要保证主席您的安全呀！"

刘少奇不容分说，果断下令："不能因我个人的安全就不救群众。正因为是国家主席坐的船，更应该首先抢救人民！"

主席的命令一下，全体人员便立即展开了紧张的救援工作。老舵手把握航向，让轮船力排惊涛骇浪，船身擦过浅滩；水手们干脆用链索把自己固定在船栏上，探身舷外，把小船上已落水的人拉上甲板。

刘少奇不安地在舷前踱来踱去。在刺眼的探照灯扫射下，只见巨浪仍像一次次张开的虎口咆哮而来，似乎要吞噬一切。江面上的小船像飘荡的树叶，随时都有下沉的可能。

"让轮船为小船挡风！"刘少奇又下命令，神色严肃。

主席有令，轮船很快横在江心，船身剧烈摇晃，面对狂风恶浪的最大挑战，刘少奇也站立不稳了，警卫战士赶紧冲过来扶住了他。

就这样，他们利用客轮为小船营造出一个"港湾"。轮船上的船员们迅速拿出缆绳，将小船一只只系到客轮的围栏上。

风停雨过，江面恢复了平静，人船安然，大家长长地松了一口气。刘少奇这才放心地回到舱内，重新拿起文件。

天亮了，脱离了危险的几只小木船即将离去。当小船船工向船长及水手们告别时，这才知道搭救他们的轮船上竟乘坐着国家主席刘少奇，并且，是他亲自组织了这场营救。

小木船上的船工们你望着我、我望着你，都说不出话来，一个个都流出了激动的泪花。

41 | "少奇同志"

刘少奇性格温和，平时不轻易重语指责人，也不希望别人恭维他。新中国成立前，无论是从事地下工作还是地上工作，除了工作需要，对内他最忌讳别人称他的官衔，生怕官衔让自己与队伍里的其他同志拉开距离。新中国成立后，虽然他担任了中央人民政府副主席，后来又先后当选为全国人大常委会委员长和国家主席，但在他身边的工作人员，谁都没有称过他的官衔。

过去，党中央曾做出过决定，党内不管职位高低，一律不称官衔，而称同志。对这个决定，刘少奇一直坚持。后来职位越高了，身边工作人员开始直呼"少奇同志"时，似乎有欠尊敬之嫌，喊起来总觉得别扭、不顺口。而其他还不了解他的人难免要称他"刘委员长"和"刘主席"。这时，刘少奇就总是要重申一番："在我们党内，只有三个人，一个是毛主席，一个是周总理，一个是朱总司令，大家称他们主席、总理、总司令，都习惯了，不必改。其他人，应该一律互相称同志。"

1954 年在第一届全国人民代表大会上，刘少奇同志被选为人大常委会委员长。有一次秘书杨俊向刘少奇报告工作，喊了一声"委员长"。起初，刘少奇同志装作没听见，根本不理。当听对方第二声叫"委员长"时，刘少奇同志才不高兴地反问杨俊："你怎么突然叫这个，不感到别扭吗？"因为平时刘少奇很少责怪工作人员，这一句质问便把杨俊问了个脸红耳赤。幸好当时王光美同志在场，她向杨俊同志解释："你怎么叫他'委员长'呀？委员长是对外的，在家里还叫'少奇同志'嘛！"刘少奇接着说："以后不要这样叫了，叫同志多顺口啊！"

后来别的工作人员也遇到了这种尴尬局面，向他报告工作时，称官衔，见刘少奇老没反应，但后来一改称"少奇同志"时，他马上就笑容满面了。

刘振德刚来刘少奇办公室上班，王干同志负责领他到刘少奇的每个房间转了转，介绍情况，熟悉环境。王干就特别提醒他称"少奇同志"，别称"委员长"。刘振德开始也不解，王干便讲了杨俊遇上的那个小故事。上班后的第一天，刘少奇同志按电铃叫他去取传阅文件。他迅速来到刘少奇的办公室，因怕打扰工作，脚步很轻，来到刘少奇面前，刘少奇都没发觉，于是，他试着轻轻地问道："少奇同志还有事吗？"

刘少奇点了点头，并抬头亲切地"哦"了一声，以示对新同志的欢迎，接下来便亲自做工作交代。刘振德看到刘少奇的满脸笑容，心知：这是"少奇同志"的那第一声准确的称呼换得的。

党内互称同志，官兵平等，亲如一家，让年轻人首先感受到投身党组织尤其是在高级领导人身边的真诚、亲近、淳朴和温馨。

42 | 劳动最光荣

　　有一天，刘少奇收到家中姐姐的来信，言下之意，要他说句话，照顾一下。

　　姐姐名叫刘绍懿，嫁到一个地主家庭，享受惯了。中华人民共和国成立后，她感到自食其力有些困难。

　　刘少奇阅信后立即回信："你3月9日写来的信，我收到了并看懂了……减租或限租，是人民政府的法令要办的，你们必须老老实实照办。"

　　刘少奇在信中就姐姐应走的路指出："你们以后应该劳动，自己作田，否则，你们就没有饭吃。如果今年佃户和农会愿意让几亩田给你们种，你们可以请求佃户和农会让出一点田种。如果农会不肯让，你们只有揽零工做，或将家中的肥料送给佃户，帮助佃户使种，请求佃户把粮食分点给你们，作为你们肥料和人工的报酬。在今年分田以后，农会还会分几亩给你们自己种的，以后你们就种田吃饭。"

姐姐在信中说，要去找刘少奇。刘少奇在回信中写道："你们不要来我这里，因我不能养活你们。我作为中央人民政府的副主席，你们在乡下种田吃饭，那就是我的光荣。如果我当了副主席，你们在乡下收租吃饭，或者不劳而获，那才是我的耻辱。你们过去收租吃饭，已经是我这个做老弟的中央人民政府副主席耻辱，也是你们的子女和亲戚耻辱。你现在自己提水做饭给别人吃，那就是给了我们以光荣。你以前那些错误的老观点，应完全改正过来。"

刘少奇最后在信中写道："我回这封信给你，是为了你们好，你们必须听我的话，老实照办，否则还是要讨苦吃的。对于过去的历史，你们必须认错，请求农会原谅和教育你们。"

本来，只要刘少奇说句话，他的姐姐就会受到照顾，但他不愿意这样做。不过，姐弟间的情谊还是长存的。

1961 年，当刘少奇回到阔别了近 40 年的故乡时，看望了众兄姊，也没有忘记去看望年逾七旬的姐姐。

刘少奇失学时，姐姐曾带他在这里灯下自学，也送他去附近私塾念过书。他没忘姐姐对自己有教养之恩，他给姐姐送了 5 斤米、2 斤糖、2 斤饼干、9 个鸡蛋，作为见面礼。虽然见姐姐生活十分清苦，他也没有给姐姐任何特殊照顾。姐姐也慢慢理解了小弟，懂得个人情感不能替代原则，不劳而获是耻辱，劳动才最光荣。

43 | 国庆"家庭会"

1959 年 10 月 1 日，年轻的中华人民共和国迎来 10 周岁生日。国庆盛典之后，当年 4 月当选为国家主席的刘少奇心里很兴奋，也很沉重。为共和国走过了 10 年而自豪、兴奋，也深感担子更重、责任重大。

上任国家主席几个月来，湖南老家的一些本家和亲戚，知他当上了国家主席，有给他写信的，有的进京上门来找他的，有要求解决工作的、要求升学的、要求解决生活困难的，而且不给办还怨气不小。这样给刘少奇的工作带来了很多麻烦，甚至在违背他的原则。

一些亲戚和以前在他身边工作过的同志也利用国庆节来看望他的机会，请他解决困难。

国庆节的一个晚上，吃完晚饭后他打破平时吃完饭要休息一会儿的生活习惯，把秘书刘振德招到身边，说："请你告诉今天到我这里来的同志们，我们开个会吧，你也参加。"

"在什么地方？"秘书问。

"就在隔壁那个会议室。"刘少奇手指着说。

人很快到齐。刘少奇走进会议室，举手同大家打招呼，坐定，抽出一支烟，塞上烟嘴，点燃吸一口，开始讲话："今天趁这个机会开个会，在座的有我的亲戚，有过去在我这里工作过的同志，还有我的家人，我看就叫'家庭会议'吧。"

他笑着环顾一下在座的所有人，说："这个会议室是我主持召开政治局会议的地方。"言下之意，这是一个非常严肃的地方。他吸口烟又说："不是要正确处理人民内部矛盾吗？今天我们开这个会就是要处理一下这个矛盾。"

"矛盾是什么呢？有的人认为我当了国家主席，做了大官，权力很大，就想沾我点光，让我给点方便，但我不这么认为。这就是矛盾。处理这种矛盾，我看无非就是做点思想工作。"刘少奇开门见山了，又列举了几种情况："有人给我写信说，不愿意在农村当农民，想进城当工人；有当面向我提出给他安排个合适的工作；有人想来北京上大学；还有人提出要把他的老人送到中南海来让我养起来。这些要求在你们看来很简单，似乎只要我说句话、开个条子就解决了。但我偏偏不能说这个话，不能开这个条子。而且有人还受到了我的批评。总而言之，我令大家很失望，所以许多人不高兴、不满意、发牢骚，甚至有人还在背地里骂我，说我不近人情。"

刘少奇深深地吸了一口烟，叹了口气，又接着说："现在解放了，在农村也好，在城市也好，生活都比过去好多了。当然马上消灭城乡差别现在还做不到。你们想请我这个国家主席帮忙，以改变自己目前的状况，甚至改变自己的前途。说实话，我要是硬着头皮给你们办这些事，也不是办不成。可是不行呀！我是国家主席不假，但我首先是个共产党员，共产党员应该全心全意为人民服务，不是为个人小家庭服务。我手中有点权也是真的，但这权是党和人民给的，我只能用于维护党和人民的利益。我们党处于执政地位，权力很大，但责任更大。如果我们利用手中的权力去为个人小家庭谋私利，那么，我们很快就会失掉人民的支持，我们的政权也会得而复失的。我们为什么能够打败国民党，我看最重要的一条就是因为国民党脱离了群众的大多数，他们腐化堕落了嘛！我们共产党人绝不能重蹈他们的覆辙。"

刘少奇环顾一周，继续说："不要以为你是国家主席的亲戚就可以搞特殊，靠沾我的光提高不了你的觉悟，我送你一块怀表，也不能代表你的劳动。正因为你是国家主席的亲戚，更应该严格要求自己，更应该艰苦朴素、谦虚谨慎，更应该有富贵不能淫、贫贱不能移、威武不能屈的志气。不要打着我的旗号到处吹牛。前几年，湖南老家有两个亲戚到我这里来了一趟，回去就吹牛，把我送他们的几十块钱路费，说成是因为报告煤矿生产情况有功，我给的赏钱。这件事影响很不好，我去信严肃批评了他们。我欢迎你们经常给我写信或者到我这里来反映家乡的真实情况，但绝不允许借我的名誉吹牛。我希望大家监督我，不要帮助我犯错误。"

刘少奇这番话，推心置腹，情真意切，深深打动了在座的每一个人。大家一个个紧接着发言，纷纷表示：绝不能再为个人的私事打扰刘少奇的工作，而要全力支持刘少奇把工作搞好，只有这样，才配做刘少奇的亲戚和工作人员。

刘少奇听了大家的发言，感受到大家都对自己很理解、很支持，他很满意，高兴地说："今后我们共勉吧！"

国庆之夜，刘少奇的"家庭会"洋溢出特有的"家庆"气息。

44 | 特殊接待

1959 年 11 月 8 日上午，海南岛上艳阳高照，海风吹得海水格外激动。这时，一艘军舰正要起航执行一项特殊的任务：送国家主席刘少奇去海南岛南端的西瑁洲岛和东瑁洲岛视察和看望守岛部队。军舰上的工作人员都感到非常荣幸，大家都在做准备，恭候刘主席光临。按照规定，国家主席登上军舰时，要举行升旗、列队、奏乐等一系列欢迎仪式。

刘少奇却向有关人员交代："不要搞这一套，能节省的就节省，又不是接待外国人，搞那个有什么用嘛！"

舰长接到通知免去一切礼仪。海军战士以为刘主席改变计划不来了。不一会，却见刘少奇在广东省委陶铸同志和海南行政区负责同志陪同下，愉快地登上了军舰，没有升旗，没有列队，没有奏乐，只有一路的欢声笑语。

这时，也只有海风吹拂着海水的热烈欢迎……像往常接待一位普通的来宾一样。

当军舰驶近东瑁洲岛时，由于军舰太大，不能直接靠近海岛，只有换乘舢板才能上岸。海风吹，海浪大，舢板太小，为免发生意外，部队指挥员提出调汽艇送主席上岛。

"大家都乘舢板，我也不能特殊嘛！"刘少奇又连忙制止。

一叶舢板送刘少奇上了海岛。

时隔几日，刘少奇又来到三亚港附近黎族聚居的椰庄农场。中午，农场场部为他安排了工作餐，刘少奇却谢绝了，他端起一碗红薯干煮稀饭，来到群众餐厅，边吃边和群众亲切交谈。

这年秋天，刘少奇在海南逗留了将近一个月时间。因为刘少奇的肩周炎又犯了，胳膊痛得抬都抬不起来，毛主席和中央安排他来海南岛治疗和休息一段时间。虽说是休养治疗，但刘少奇下决心利用这个较集中的时间来进行系统的理论研究和探讨，以寻求解决经济建设中各种矛盾的办法。同时，他也利用这个机会，实地看看海南的情况，同海南的各族群众见见面，了解他们的生产和生活情况。这一个月里，刘少奇去了海南工厂、农村、海岛哨所和黎族同胞的家里感受他们的生产生活，却始终没有好好休养。

45 | 不入席，不下车

1960年4月21日，刘少奇到河南洛阳视察，住在友谊宾馆。吃饭时，服务员小杨站在一旁招呼。吃完饭，刘少奇起身离席，对小杨一本正经地说："请你转告食堂大师傅，这几个菜没有动过，不是不好吃，是吃不了，请师傅不要生气。以后少上点菜，多了会浪费。"

小杨这才发现，主席只吃了点豆芽、菠菜，而盘里的鱼、鸡一点也没动。当时的厨师只管按规定做菜，并没有把刘少奇的意见放在心上，也不敢随便更改菜谱。第二顿饭上来，菜不但没减少，还加了一条黄河大鲤鱼。

刘少奇过来一看餐桌，眉头紧锁，久站桌旁，不肯坐下。

"我已说过了，菜多了是浪费。这次怎么又端来这么多？"刘少奇质问道。

"这里住有外国专家，生活条件好些。"服务的同志连忙解释。

"外国人是外国人，可我们是中国人！你知道老百姓吃的什么？"

刘少奇说话的语气越来越重，"我党没有这样的作风。这样不好！"

这回，超标准的菜不撤，他就硬是不坐下、不入席。

不久，刘少奇乘火车前往建设中的第二重型机械厂视察，到达德阳时已是晚上了。当地同志为他准备了夜餐，安排住入新建的专家招待所，这些都被刘少奇婉言谢绝："不了，我火车上有便饭吃，车上也可以睡觉，就在火车上就地解决吧。"

随行工作人员只好又把刘少奇出差的"四不准"反复向当地同志们解释："不迎送，不请客吃饭搞铺张浪费，不收别人的礼物，参观时不搞前呼后拥地陪同。"

大家也就只好由着他，主随客便了。刘少奇和随行工作人员就在火车上过夜了。

德阳火车站算不得大站，但一个晚上也总有几趟车经过。为了不影响刘少奇的休息，有关部门准备到时亮起红灯，让夜间通过此地的火车暂停站外。

刘少奇得知这一情况，手使劲一摆，并责备道："不能这样搞。这是谁的主意，怎么能乱亮红灯呢？这样会影响火车正常运行。我作为一名群众，你们也该接受我的意见呀！"

于是，德阳火车站红绿灯正常开启，列车照常运行，刘少奇在火车上照常学习、工作和休息着。

夜越来越深了，德阳知情人都只好凭窗远远看着那列停在德阳野外的火车，心中的敬佩油然而生。

46 | 回故乡的四十四天

　　20 世纪 50 年代末到 60 年代初，面对"大跃进"、人民公社化运动严重失误的教训，毛泽东和党中央努力领导全党纠正农村中普遍存在的"五风"①等错误。1961 年 1 月，中央召开中共八届九中全会，讨论通过了以调整为主，"调整、巩固、充实、提高"国民经济的"八字方针"。会上，毛泽东号召全党大兴调查研究之风。3 月，刘少奇在广州主持召开中央工作会议。会议刚结束，刘少奇便亲自下农村基层进行深入细致的调查研究。为便于获取更多的真实情况，他把调查地点选择在自己的家乡湖南农村。

　　4 月 1 日，刘少奇与夫人王光美及几位工作人员从广州到了长沙。他们于 4 月 2 日至 5 月 16 日先后在宁乡、长沙两县蹲点调查 44 天。

---

① 共产风、浮夸风、强迫命令风、生产瞎指挥风和干部特殊化风。

刘少奇 1925 年离开老家投身革命，阔别 40 年后，才踏上这片生他养他的土地上。

4月2日上午，刘少奇简要听取了湖南省委第二书记张平化同志的工作汇报。张平化也对刘主席的下乡调查做好了安排：省委组织工作队，由省委书记李瑞山任总队长，陪同主席下乡。

刘少奇却对张平化说："我这次来蹲点搞调查，不要影响省委的正常工作。不住招待所，采取过去老苏区办法，直接到老乡家，睡门板，铺禾草，既不扰民，又可以深入群众。人要少，自带油盐柴米，自备碗筷用具，一切轻装简行。一定要以普通劳动者的身份出现。"

4月2日下午，两辆草绿色的帆篷吉普车由长沙出发，在通往宁乡的河沙公路上颠簸西行。按季节，4月的湖南应是满山青翠，鸟语花香，可映入眼帘的却都是被砍伐了的荒山秃岭，庄稼凋零，随处可见拆得七零八落的房屋、残墙断壁……他浓眉紧锁，心情沉重。车行至离他的老家花明楼炭子冲仅 16 里的王家湾，路旁挂着一块"宁乡县东湖塘人民公社万头猪场"的牌子。刘少奇一行下车察看猪圈，见里面有只几头骨瘦如柴的母猪，猪圈又脏又臭。查完所有猪栏，也仅有那几头母猪在对他不停地哼哼。"万头猪场"不过如此？当他走进一间曾是存放饲料的空房子时，环顾四周，沉思片刻。为了弄清情况，刘少奇对随行人员说："我们今天就住这里。"

省委本已在花明楼公社机关为刘少奇准备了住处，衣食住行均作了周到细致的安排，还从长沙运去了沙发、办公桌和一些家具。保卫工作也进行了部署。

然而，他却决定要住在猪场饲料房里。"就住这里？"随行人员有些犹豫更有些不解。

这房子阴暗潮湿，地上扔着一些杂物，墙角处和房顶上挂满了密密麻麻的蜘蛛网，墙壁上斑驳脱落，墙脚到处是霉块，门窗早已废弃。这样的房子一时如何能住？

湖南省公安厅厅长李强听刘少奇提出住在这里，心情十分紧张，连忙说："怎么能叫刘主席住在这里呢？还是另找地方吧！"

"就住这里！"刘少奇语气坚决，手指饲料房，不容商量。

大家也不敢再劝说。只好一齐动手，打扫整理房间。

大家把两张破旧的方桌对在一起，把三条旧长条板凳围摆方桌四周，还找来一盏煤油灯放在桌子上。再另支起一张旧木板，作为刘少奇的床。

"上面铺些稻草不就行吗？"刘少奇过来用手按了按床板说。

然而，在猪场转了一圈没稻草，找遍王家湾也没找到稻草。

"过去这里盛产稻谷，是鱼米之乡，现在怎么没稻草呢？"刘少奇话间流露出难以平静的心情。后来，铺床用的几捆稻草，还是李强让司机开吉普车从很远的地方找来的。

刘少奇在猪场饲料房一住就是5天。在这里，他回想起自己曾率部到了河南省舞阳县县城附近的一个小村庄，大家在夜幕下找宿营的地方，刘少奇则连夜进入百姓家了解情况。待他回宿营地时，多数人已呼呼入睡。那是一个很贫困的村庄，许多人家都是几代人挤在一间破屋子里。战士们找的宿营地是一栋破草房，地上泥巴、草屑、杂物一片狼藉，一角还是猪圈，脏臭难闻。这实际就是一间猪圈。大家连日行军太累了，找来些麦秸在空地上一铺就睡着了。那晚刘少奇回来，警卫赶紧要出门另找地方时，刘少奇却拉住他："不要去打扰老乡。"说完，他麻利地在靠近猪圈的地方铺上麦秸就和衣躺下了。这夜他与战士们一块感受了与猪共眠的生活。而刘少奇这位中原局书记，不扰民，睡猪圈，在当地传为美谈。想起今天住的还是猪场饲料房，标准比过去高多了。

刘少奇住在这里，除了插空走访附近村民家之外，还听取宁乡县委、湖南省委工作队和先期到达的中央工作组的汇报，也请社员群众过来交谈。住在猪场饲料房，他自然对这个名不副实的猪场特别关心。1958年，公社决定把这所宅院改为养猪场。其实，这里生猪存栏最多时也只有几百头，还是把社员家养的猪都集中起来的。后来浮夸风盛行，经过层层上报，层层吹牛，就吹出了远近闻名的"万头猪场"了。

刘少奇在养猪场饲料房蹲点调查时，先后去了王家湾附近的麻豆山、潭湖塘，了解办食堂和社员生产、生活情况。村民开始并不知这位穿蓝布衣、戴鸭舌帽、蹬布鞋的老头就是附近花明楼的老乡，只知道是北京来的，引来许多陌生人的猜疑，莫非又要兴办"万头猪场"？难道他是位养猪的科学家？后来他们才知道养猪场住的竟然是国家主席，专门来搞调查的。村民和老头一接触，发现这位国家主席同咱穿一样的打补丁的衣服，说一口相同的宁乡方言，待人和气、热情大方，谈话又投机，而且谈的都是大家共同关心的话题，倍感亲切。但因为他是大官，即使老乡亲，多数人也还不敢说实话。

刘少奇为难以摸清基层的实际情况愁眉不展。一天，他走访王家湾附近村民时，准备再找一位老农聊聊公社食堂的情况，发现路旁有一堆已被风干的人粪。这时，他头脑里突然闪过王家湾绝大部分群众揭不开锅的情景。他想，社员们在家吃些什么，在大粪中不可看明白吗！想到这里，他便在地上捡起一根干树枝，拨开人粪，蹲下身仔细观察，原来粪便中尽是些粗纤维。随后，他又用棍子夹起粪渣一闻，发现根本就没有一丝臭味。

刘少奇凝滞片刻，心情沉重地对随行人员分析道："你们看，里面全是纤维，这是由于吃野菜过多而吃主粮太少的缘故呀，说明农民的吃饭已经成大问题了。"

他对社员的大便，这一拨、一闻，便"拨"开了刚来王家湾时的种种疑惑，"闻"出了深藏百姓体内的实情。只见他眼眶湿润，这是一位老人面对乡亲、一位国家主席面对人民的愧疚。随行人员除了同感之外，也对刘主席更加肃然起敬。他们分明看到了一位国家主席的爱民深情和山一般厚重的社会责任。

刘少奇又走进王家湾的彭家冲，听这家屋里有人，便喊了一声"老乡"就轻轻推门进去了。

彭满阿婆正在炒菜，听到敲门，非常紧张，以为是禁止小锅小灶的人又来了，她连忙解释道："在食堂吃不饱，回来再煮点野菜吃。"

刘少奇心情沉重地走过去，揭开锅盖一看，里面不见半点油星子，顺手拿筷子夹起几片野菜叶子一尝，又涩又苦，实在难咽。再打开橱柜里的油盐坛子，除了还有半坛子盐外，再没有别的东西了。他心里很不是滋味。

他安慰完彭满阿婆出了家门。一路上同随行人员讲调查研究工作的方法，说做好调研不容易，要善于观察情绪，是笑脸还是哭脸，是昂头还低头，要从情绪看出心事，从神色察觉群众的意向。

在长沙天华大队蹲点时，有一次，刘少奇与陪同人员散步，路上碰到一名衣衫破烂的中年汉子。双方相距 10 余米时，那人便转身回避。

"这人可能有心事。"刘少奇马上反应出，并对一旁的人说。

随同一块散步的一位当地村民说："您看得真准。他叫冯国全，给生产队养了一头牛，1957 年 2 月牛得病死了，剖腹后从胃中发现了一根 3 寸多长的 18 号铁丝，队里便认定是冯国全把铁丝钉进了牛肚子，以'破坏耕牛'罪让冯国全赔了钱。他一直不服，没有认错。但他为这事挨了两次斗，后来在队上就抬不起头来。"

"牛皮那么厚，牛劲那么大，铁丝怎么钉进牛肚子里，不大可能吧！"刘少奇一边思索一边自言自语。

此后，刘少奇找来工作组的同志谈话，并对随行的湖南公安厅厅长李强交代：对此事要从多方面进行细致调查，不仅当事人，还要向老兽医和专门学过这种医学的人请教。查清后专门写出报告。

调查组找专家们做出技术鉴定：铁丝有可能混入饲料中从食道吃进去，类似吃过铁丝的病牛腹泻、咳嗽、食欲减退，冯国才饲养的牛身上这些表现都有。由此，否定了铁丝从牛肚子钉进去的说法。

调查组又先后去长沙、湘阴等地找到几个养牛户了解情况，最终真相大白。原来，这头牛是 1956 年 10 月由冯国全从湘阴县挑花乡换来，换来就常泻肚、犁田缓慢。一打听，这头牛是桃花乡在 1955 年 8 月从长沙县青山乡一个叫彭炳泉的人家里买来的。调查时，彭炳泉的邻居反映，彭炳泉的继子在 10 岁那年，因年幼无知，出于好奇，用青草包着一根铁丝给牛吃下。后来牛就慢慢开始出现腹泻等症状。

刘少奇接到李强的报告，在报告上做出如下批示：

"此案发至县以上公安、政法部门阅读，对各地几年来所有由于死牛的胃内、肺内发现铁丝、铁钉而定为'破坏耕牛'罪的案件都要进行一次认真的调查，以便使我们的结论都符合实际情况。牛是反刍动物，吃草不嚼就吞下，因此铁丝、铁钉等混入饲草内，牛是可以吞下去的（马和猪就不能吞下去）。牛在吃草时可能把掉在青草上的铁丝、铁钉吃进去，也可能由于饲养员的疏忽，饲草内混入铁钉被牛吃进去，也可能是坏分子故意把铁丝钉放进草内被牛吃进去。牛在吃进金属后，有经验的兽医可以诊断出来，可以进行手术取出治好。从死牛的胃内和肺内发现铁丝、铁钉等食物，有的是破坏案件，但并不都是破坏案件，更不能肯定当时的饲养员是耕牛的破坏者。因此，各地如有类似这样的案件，应由各地公安、政法机关进行认真的调查研究，作出符合实际的结论。"

这是刘少奇与一位农民在一次路遇后的发现，从农民的神色察觉出来的关于一头耕牛的冤案。这还只是对关于一头耕牛冤案的报告批示！一位国家主席下乡调研，连眼前一位农民表现出来的任何一个疑点都不放过，如此体察入微，认认真真，令人感动不已。

冯国全被感动得失声痛哭，他说："刘主席帮我申了冤，我一辈子也忘不了党的恩情！"

广大村民都说："一个国家主席，亲自为老百姓做主，查清冤案，真是活包公！"

在王家湾调查几天后，刘少奇对农村的情况已经有了初步的了解。他决定换个地方再进行调查研究。临行前，刘少奇去了韶山毛泽东主席旧居，但不准通知当地政府做任何准备，更不准招待。

"因为招待必有浪费。也有贪污，招待费这笔账是一笔贪污浪费账。"这是刘少奇的一贯看法。

4月9日清晨，刘少奇第一个来到韶山上屋场，跨进毛主席旧居后工作人员才发现来的是刘主席。

4月11日晚上，刘少奇赶到省委蓉园宾馆1号楼，向刚从广州来长沙的毛泽东主席汇报了初步看到的湖南农村的情况，并就农村工作问题交换了意见。

4月12日下午，刘少奇根据省委的推荐，去长沙县有名的先进单位——广福公社天华大队王家塘生产队进行调查研究。

当天晚上，他又赶到长沙县天华大队王家塘生产队，照样住在同王家湾猪场几乎一样阴暗潮湿的破土砖房里。刘少奇在这里夜以继日地办公，一住就是 18 天。

刘少奇这位 63 岁的老人白天跋山涉水，深入调查，夜间开会、通宵办公，终于发现天华大队办的公共食堂存在严重问题，宣布食堂解散。

5 月 2 日下午，两辆吉普车开进了中共宁乡县委大院。从车上下来几个人，他们拍了拍身上的尘土，整了整衣帽，向县委办公室走去。

县委书记闻讯迎出来。看了一眼走在前面的高个子，穿蓝布衣，戴蓝布帽，着黑布鞋，却并没注意他是谁，而首先认出的是王光美同志。他说："这不是王光美同志吗？刘主席呢？"

王光美笑着手指走在最前面的那个人："喏，那不是！"

"啊！"县委书记见自己已同面前这位朴实的老人打了个照面却没有认出来他是刘少奇，怀着歉意地笑了笑，并赶紧把刘少奇等人迎进了县委办公室。

在县委开了工业、政法、商业等方面的座谈会后，按计划是第二天回炭子冲。县委在花明楼乡政府机关为刘少奇安排的住宿和办公房间，他连看也没去看一眼，就领随行人员不声不响地来到了炭子冲他原来的旧居。

来到旧居，刘少奇百感交集。离开出生地已近 40 年了，童年和少年的生活情景扑面而来。

刘少奇领王光美和随行人员把每间房屋都看了看，并一一介绍这些房间曾是谁住的。最后，他带领大家看了他住过的那间可通往后园的房间，想起了自己当年从菜园溜出，跑到碾坊"偷光"读书的事情。当年天真烂漫的少年，如今已是两鬓斑白了。

"我们就住这里吧！"刘少奇对王光美说。他也很快意识到这次回家不是来观光忆旧的，要立即投入调查研究。

大家马上准备办公。

刘少奇把旧居的堂屋当作接待室和会议室。不论是在王家湾还是王家塘，白天请村民来座谈了解情况，他都生怕耽误了老百姓的农活。在炭子冲找村民座谈，他照样先要打听各家各户今天忙什么活，并安排他的随行工作人员为村民帮工。

这是他的出生地，生活了一二十年的老家，什么事都难以瞒过刘少奇的眼睛。他召集大家来座谈，一样先向村民脱下蓝布帽，露出满头银发，恭恭敬敬地面向大家鞠一躬，然后再对村民歉意地说："我怕耽误你们的工，让随我来的同志去帮助你们劳动。你们都尽管安排，我们的同志不会做事，帮半天不够，明天再帮半天。"在座的乡亲们无不为此动容。

有一次，地方政府把刘少奇的旧居进行修缮，作为纪念馆供人们参观瞻仰。在一次座谈会上，刘少奇颇为生气，当面批评村支部书记说："这里搞了我的旧居纪念馆，当初征求我的意见时，我曾几次写信不让搞，但结果还是搞了，搞这个有什么用？有的贫下中农没有房子住，可这里却搞个什么展览。现在要把房子退出来，把展览馆撤掉，先考虑解决贫下中农的住房问题。我看这些房子还能住人，就让缺房的贫下中农进来嘛。但我的亲属不能来住。"

刘少奇还说："这个房子谁来住，由工作队来主持，同大队商量好。"他又指着一些家什说："这里的桌子、凳子、仓库、锅子、灶等，都作为退赔，退给社员。这些楼板，拿去替没有门的人家做门。社员在这里至少可以住上十年、二十年，等有了比这更好的房子，愿意搬再搬。"

47 | 大海般的胸怀

有一天，花明楼村民相传一个消息：一位姓曹的干部，就1958年炼钢铁的大砍伐和1959年大办食堂后的再次乱砍伐写了几句"顺口溜"，给了在这里蹲点的一名县委副书记，内容是："大战戴家洲，青山剃光头；请问副书记，竹苗留不留？"为此，老曹被人打了一顿，村民们都很气愤。花明楼高小12岁的五年级学生肖伏良也听大人说了，他好长时间吃不饱了，和大人一样，有一肚子的怨气。

就在刘少奇回湖南前几天的一个下午，肖伏良走在放学回家的路上，手捂着饿得叽里咕噜叫的肚子，满脸愁容，他一边走一边打望炭子冲那栋刘少奇的旧居，天真而又满是怨气的眼神瞅住了路边的一根大电杆。他从地上顺手捡起一块石子，在电杆上面写上道："打倒刘少奇。"

尽管字迹歪歪扭扭，孩子气十足，并不醒目，可那个时代的人们，政治意识特别敏感，阶级斗争的弦绷得特别紧，字迹马上被人发现并报案，又很快被公安局破案。肖伏良被认定犯了"书写反革命标语罪"，先由学校开除学籍，再交公安部门处理，学校校长撤职查办，班主任也要追究政治责任。

就在上述决定即将执行时，刘少奇回到家乡的消息传来。5月5日，公社、大队的干部及时将这个案子报告了刘少奇本人。报告人或是想邀功，或是担心刘少奇知道后会受不了这种突如其来的刺激，报告时对如何侦破、处理此案作出详细描述，他以为刘少奇听了会勃然大怒。没想到，看不到刘少奇脸上半点愠色。刘少奇思考一阵子后，缓缓地说："这几年'五风'刮得厉害，老百姓缺吃少穿，挨打受骂，这就免不了对党、对干部有牢骚。我是国家主席，当然有责任。"话语中充满内疚。

他又一再说明："小孩子写上标语，表示反对，这也可以理解，不要怪他。我看，学籍不要开除，检讨也不要作，要让他继续上学，好好受教育。小孩子写上这么一条标语，不算什么反革命，不要给他处分。至于校长、班主任更不要责怪，怎么能怪他们？你们要做好他们的思想工作，退还他们的检讨，使老师安心、学生安心。"

最后，他又似乎在慰藉汇报工作的干部，风趣地说："孩子要打倒我，我并没有倒嘛！"

刘少奇不但不倒，还拥有大海般的胸怀，更让人高山仰止。

48 | 深深的一躬

在炭子冲的第二天，刘少奇抽空走访了童年好友黄端生。黄端生三年前给他的信中谈到自己生病了，刘少奇同黄端生见面第一句话就问："八老倌，你脚上的紫血疹好了吗？"

几年了，刘少奇还记得他的病，黄端生很感动。人一激动走路更不稳，王光美赶紧上前搀扶着他。刘少奇撩开他裤脚一看，八老倌老病未好又患上了水肿病。担忧之余，这对童年好友更多的是激动和欢喜。

刘少奇又邀来少年好友李桂生，一块察看安湖塘。

"有一年塘底干得晒得了谷……"刘少奇回忆说。

李桂生紧接话："那年大旱，每亩还收了两三担。"

刘少奇问："去年这里的塘水全干了吗？"

"没有干，还有半塘水。"李桂生坦率地说，这对老友又一块分析起三分天灾、七分人祸的话题。

刘少奇又请来犯了错误受处分的老村书记王升平，并留他一边吃饭，一边调查：王升平所在生产队只有一头猪，毛五寸长、皮有三分厚，只见骨头不见肉。全队只有一只鸡，连报晓的公鸡也绝了种。柘木冲食堂刚办时有 120 人，现在不到 80 人，死了近 20 个，跑了 10 多个，还有几个浮肿病住进大队临时医院。罗家塘食堂是全公社的重点食堂，各种物质优先照顾，几年来只生了 3 个小孩，至今还有两个走路不稳。村外那棵树的树皮也被剥光了，怕上级来看到出丑，几天前便涂上一层黄泥，再用草绳裹住……

刘少奇还去了简家巷临时医院，探问患浮肿病住院的农民；到了母亲的坟地祭扫；到东湖下看望少年时的师母朱五奶奶，表达对老师的忆念。

一天，刘少奇打着雨伞，踏着泥泞的小路，来到赵家冲探望大姐刘绍德。大姐年逾七旬，脸色蜡黄，一脸病态，眼力也不好。

"姐，是我来看你了。"刘少奇一声亲切呼唤。此时姐弟分别 40 多年，自从随毛泽东的革命队伍投身于理想，刘少奇在置生死于不顾的烽火岁月里，余暇也常想念亲人。母亲去世后，大姐更让他思念，他何尝不想早来看看她呢？他何尝不想让亲人过着幸福的日子呢？革命和理想，路漫漫，多曲折，他也身不由己。

大姐循声伸手紧紧握住刘少奇的手："……弟呀！你回来了，我好想念你！"大姐终于认清了刘少奇，姐弟激动不已，哽咽许久，才说出话来。

刘少奇帮姐姐擦去泪花，姐姐的第二句话是："老弟呀！你在中央做事，要给人家饭吃呀！"

大姐见面两句话，句句都不轻，犹如两把尖刀刺得刘少奇心里疼痛。他脱下帽子，深深地鞠了一躬，诚恳地说："我这次回来，就是向乡亲们承认错误的。这个教训太深刻了，要刻一块碑立在这里，或者是写个大单子用镜框镶起来，子子孙孙传下去，要大家永远记住，再也不要犯这样的错误了！"

49 | 刘桂阳事件

　　1960 年 7 月的一天，湖南郴州鲤鱼江电厂的女工刘桂阳，从弟弟的来信中得知家乡闹饥荒，父母因生活困难、缺乏营养，得了浮肿病。她回家一看，果然如此。原来人民公社并不像宣传中那么好，相反问题很多。一气之下，她就跑到北京写了"打倒人民公社""消灭人民公社"和要求中央派人了解农村情况等内容的标语，贴在国务院北门附近的墙壁上。

　　刘桂阳被当场抓获。公安部认为"案情严重"，是地道的现行反革命行为，案件直接报到了刘少奇的手上。刘少奇看过材料，告诉有关人员：暂不要判罪，把贴标语的人送回原籍，待查清缘由再处理。可刘桂阳被送回郴州后，当地法院不照刘少奇意见去继续调查，判她有期徒刑 5 年（因当时刘怀孕，保释回家）。刘少奇得知后很生气，责令湖南省政法机关复查。

刘少奇这次回湘搞农村调查，与湖南公安厅厅李强一见面他就问："鲤鱼江的那件事处理得怎么样？"

李强向刘少奇汇报了此案复查和处理情况。

接到刘少奇的指示后，省公安厅在作了认真调查后重新认定：刘桂阳在国务院门前贴的标语有些内容是反动的，因为她把"农民的一切痛苦"都归咎于人民公社，把人民公社说成"是发展生产的严重阻碍，是阻碍社会主义前进的高山"。所以她说"要打倒、铲除、消灭人民公社"。

但她本人又可按人民内部矛盾来处理，因为她过去一贯表现好，年仅20岁，是一个共青团员，找不出她与共产党在根本利益上相冲突的证据。她到北京张贴标语的目的是想让党中央、毛主席、刘主席等了解情况，而不是为了推翻人民政府。并认为可由原判单位撤销原判，予以释放，并与她原单位（电厂）协商，保留工作，不得歧视，同时加强对她的耐心教育。

刘少奇听完汇报，心里的一块石头终于落了地，满意地点了点头，又说："凭什么判她的罪，法律有这么一条吗？无非是根据她写了'反动标语'。反动标语是以反革命为目的，而她跑到北京，还相信中央，这能说是以反革命为目的吗？"

后来，刘少奇还在这份报告上批示：同意湖南省公安厅的处理意见，并"建议湖南省委张平化同志亲自找刘桂阳谈一次，一方面适当地鼓励她认真向中央反映农村情况，另一方面适当地批评她对人民公社在认识上与做法上的错误，以便引导她走上正确的道路"。

刘少奇于1961年5月16结束了这次为期44天的湖南宁乡、长沙农村蹲点工作。这次蹲点可分为三个阶段：4月2日至11日为"察风观色"，4月12日至30日为"解剖麻雀"，5月2日至16日为"寻根究底"。最后，找出了"五风"的原因，得出"三分天灾，七分人祸"的结论，帮助湖南省委、宁乡县委、湘阴县委纠正"五风"、平反冤假错案和提出解散食堂，保留社员自留地，确定粮食、住房、分配等方面的政策措施。这为全国纠"五风"在事实依据和政策研究上做好了充分准备。

50 | 伐木工人的酒

湖南农村蹲点调研后，为了更全面地了解国情，刘少奇于 7 月 20 日来到东北伊春林区调查研究。在长达 20 天的调查中，他足迹踏遍了大小兴安岭、张广才岭等主要林区的大部分林场。

刘少奇在调研过程中发现，伐木工人缺少房子、鞋子和工作服。因国家的暂时困难，有的工作必需品供给指标压缩了，尤其不符合一线工人的实际情况。在一个场部，刘少奇又偶然发现一张办公桌上堆着一摞群众来信。他立时过去一一翻阅，重要的内容他还要向随行人员读出声来，特别是其中一封反映林区生活物资分配不公和一部分干部走后门的信，令他眉头紧锁，忧心忡忡。在商业区工作、在办公室工作的同志与伐木工物资分配吃大锅饭，搞平均主义，伐木工人买不到急需日用品，严重挫伤了一线工人劳动的积极性。

刘少奇深入到伐木工场时，正值夏日炎炎，林荫下特别凉快，但深山老林里特别潮湿。可想而知，东北林区的冬天是如何的寒冷。

刘少奇找伐木工促膝交谈，打听他们的衣食住行情况。

有伐木工对刘少奇说："在这潮湿的林子里干活，一到晚上就想喝点酒。"

"对，酒能驱除风湿。有酒喝吗？"刘少奇关切地问。

"以前是有的。听说上面为了克服经济困难，准备取消供应伐木工的定量酒。"

"伐木工人的酒不能取消。"刘少奇明确表示，"林区夏天很潮湿，冬天特别冷，伐木工人喝点酒是必需的。在深山老林伐木和办公室不一样，别人不能攀比。国家再困难，伐木工人的酒不能取消。"

刘少奇将工人意见都一一记在笔记本上，能解决的一一落实到位。国家困难，一时难以解决的发动工人生产自救。

他还建议大家充分利用林区地广人稀、土地肥沃的自然条件，发动大家开荒种地，鼓励分散居住，实行自己盖房、互助盖房、公家补助的办法解决居住困难。东北伊春林区合理管理、自力更生的热潮很快兴起。

51 | 关注民生

　　大家慢慢都知道刘少奇平易近人，非常关心百姓的生活，所反映的情况都有好的结果。因此，他每到一地，都能听到老百姓的实话。在一次石家庄地委招待所召开的座谈会上，还有一位年轻的石家庄社区姑娘，敢在国家主席面前提意见、发牢骚：

　　"我们石家庄市桥东，连个做衣服的地方都没有，全市没有一个好裁缝，服装店裁的衣服我们又都不喜欢。都说领导关心群众生活，不知这要不要关心。"

　　原来，刘少奇特意请来120多名社区群众代表，一块聊油盐坛子、衣服裤子、工资票子……这个年轻姑娘说着说着，脸上没了笑容，站了起来说了上面的话。

　　刘少奇却笑容满面地对姑娘和大伙说："这个问题提得好！领导当然要管呀。你们这些年轻人，风华正茂，手里又挣这么多钱，又没有什么负担，当然应穿好点，穿得漂亮些。给你们从上海调好裁缝来！"

遵照刘少奇的指示，这次会后不久，有关部门就从上海调来了20多名技术好的老裁缝，在石家庄办起了好几家缝纫店。市民高高兴兴地穿上了自己喜爱的服装。

有一次，刘少奇在医院接受治疗时，盯着一位医生的衣服看了许久，看得那位医生不好意思起来。原来，他发现医生宋雅美穿的一件衣服没半点折印和皱纹，与平时其他医护人员穿的皱巴巴的纯棉白大衣不大一样，他问："你这件衣服是什么料子的？"

宋医生回答："人造棉，一种新产品。"但她还是不明白刘主席怎么如此盯住她的衣服。

"噢！人造棉，还真是新鲜货。"刘少奇又凑近衣服仔细看了又看，还用手去摸了摸衣服的布料质地。

"手感还不错嘛，好多钱一件？"刘少奇穷追不舍，那神态，就像一位商店顾客相中了一件合意的衣服，那欢喜劲儿，简直像个孩子。

听完宋医生解释后，他连连点头："不错不错，质量很好，价钱又不贵，穿上又漂亮，可以多生产一些，做出各种各样的便服，满足人民的需要。"

这之后，在刘少奇的关心下，人造棉及人造棉的成衣生产大幅度提高，极大地方便了群众，深受市场欢迎，一度在服装市场大放异彩。人造棉又大大增进了棉花生产，减轻了棉田生产压力。

因"大跃进"运动的影响，人民群众生活水平一度下降许多，刘少奇更为群众住不好、吃不好、穿不好犯愁。他在哈尔滨市香坊安埠综合服务部的三八布鞋厂视察时，先是看女工们怎么操作，后是详细询问原料来源和产品销量，然后再提示厂领导更省钱的生产渠道和方案，希望以此缓解老百姓的穿鞋问题。

又有人提出石家庄的回民饭店太少，回民生活不方便。他便要市委书记立即向市民表态：马上商量就办。

有人提出托儿所由国家办不能满足需要。他走访调查，发现全部由国家办确实有困难，需要发动群众办。后来诸如小饭铺、烧饼油条铺、卖油店、发豆芽的，都放开交群众办。

郑州二七区炼焦厂，劳力都上岗，生产大发展。刘少奇听汇报后，一方面称赞他们生产发展快；另一方面提醒当地干部，群众都上一线大搞生产，家里势必很多事情顾不过来。比如，群众身上穿的毛衣坏了，需要打；衣服破了，需要缝；袜子烂了，需要补。做领导的，要考虑和解决这些修修补补的问题，既要安排好生产，又要安排好生活；既要注意群众的一般要求，又要注意他们的特殊需要。

二十区很快办起了走街串巷的流动服务组，理发、洗衣、缝纫、买米、买菜、买煤……还安排专门人照顾老幼病残，服务上门。解决了后顾之忧，群众一心一意参加大生产，一线工作热情高涨，社区生活有条不紊，生产生活一派祥和！

52 | 牵挂老乡

刘少奇在中华人民共和国成立后还时常牵挂安泽农民的一种"柳拐子病"。

抗日战争时期，他在安泽老乡家住过一段时间。一天，他散步时突然看见一位老乡佝着背，走路一瘸一拐，每挪一步都很吃力，肩上却还压着担子。刘少奇赶紧走过去帮助，并询问相关情况，发现这是当地一种流行病，祖祖辈辈都患有这种病，现在患这种病的人还不少。地方人称它为"柳拐子病"。

得了这种病，骨节就慢慢肿起来，骨骼畸形，肌肉萎缩，干活很困难，有的甚至身高不过3尺，迈步不过3寸，手提不过3斤。一些妇女得了这种病，常常因分娩难产而母子双亡。患上这种病，根本没法治。

刘少奇安慰老乡："一定要找出病患的根源，相信也一定能找出根源，从而想出治病的办法。老乡放心！"

由于当时军情紧急，第二天他就要离开了村庄，离开前他亲自带了几个人对村里饮水源的小溪做了专门考察，发现溪水上浮着许多榆树和枣树叶子，有的叶子早已变成褐色或黑色，散发出霉烂的臭味。刘少奇一行怀疑老乡喝的水问题。

他知道自己得准备离开，立即找来太岳军区参谋长毕占云一起商量。刘少奇认真地说："这里有一种'柳拐子病'，是群众世世代代的痛苦，我们共产党人不帮助解决，谁又能帮助他们呢？即使在现有条件下，我们还不能根治，但也要尽力设法让它减轻，最起码要阻止它发展。"

最后决定，留下部队的卫生人员认真帮助老乡解决。

第二天，刘少奇不得不离开了村庄，可老乡走路一步步艰难行走的样子不时在脑海里浮现，心里隐隐难受。

"在中国农村，类似'柳拐子病'的疾病不少，共产党人应该看到，还有许多工作等着我们去做，也只有共产党能给劳动人民解除这世世代代的灾难和痛苦。"一路上，刘少奇和警卫员念叨着，牵挂着老乡。

根据刘少奇的嘱托，后来一批又一批地方和部队的医疗队来到安泽，终于找准了"柳拐子病"的病因根源，确实在水里。于是立即展开对水源进行科学处理、对患者进行治疗的工作，安泽县农村的"柳拐子病"终于得到根治。中华人民共和国成立以后，刘少奇还时常牵挂着安泽的老乡。安泽人民念念不忘刘少奇为他们带来的世代安康，那里的老乡还自发联名给刘少奇写来一封动人的长长的报喜信。

53 | 一只茶杯

警卫员张起，见刘少奇办公桌上的茶已经凉了，便把茶杯端出屋，准备给他换上一杯新茶水。

倒掉茶水后，张起刷洗茶杯不小心，把茶杯的把儿磕掉了。这是只白色粗瓷的茶杯，刘少奇从延安时期用到了中南海，现在磕坏了，张起心里很是不安。他找来了一个新茶杯，沏上热茶，硬着头皮送到刘少奇的办公桌上。

刘少奇办公、读书很专注，他头也不抬，习惯地端起茶杯往嘴边送。突然，他感觉不对头，定睛一看，茶杯换了。他侧过身问张起："小鬼，那个白杯子呢？"张起低头不好意思地说："不小心，摔坏了。"

"摔成什么样？"刘少奇微微一笑，接着说，"没关系，拿来我看看。"

张起只好走出去，把那只碰坏了的茶杯送到刘少奇眼前。

刘少奇接过茶杯，看了看，又摸了摸，说："只少了那个把手，这不是还能用吗？为什么要换新的呢？"

首长的话，警卫员不能不听，他把新杯子端了出去。

刘少奇生怕他重换了杯子里的茶，连忙说："茶叶别倒了，还可以泡。"张起又只好用旧杯子，装上新杯子里已泡过的茶叶，再加上开水，送到刘少奇办公桌上，歉意地说："少奇同志，真是对不起！"

"这不是好好的嘛。"刘少奇对张起笑着说，"没关系。以后小心点就是了。"

就这样，这只掉了把儿的茶杯，刘少奇又用了一年多。来客了他就把残缺处转向人看不到的地方。

因办公室里有时还难免会有外宾，张起实在是看不下去了，便与其他工作人员合伙撒了一个谎，说旧杯子摔坏了，硬给他换了个新茶杯。

这次，张起却被少奇同志"教育"了几句："你这小鬼，老是这么毛毛糙糙的，以后可要注意呀！"

刘少奇哪里知道，那只没把儿的旧茶杯已经被张起小心地珍藏起来了。后来，张起常拿出这只杯子，看一看，摸一摸，对人说，他珍藏了"少奇同志"那句不该忘记的"教育"，珍藏了一种精神、一段岁月！

54 | "特殊" 的办公桌

刘少奇的办公室先是在中南海的万字廊，后来又搬到了中南海的西楼。他的办公室设在西楼二楼靠西的一间不足 20 平方米的小屋里。

办公室陈设简单，一张办公桌、一对沙发、一把藤椅、几个书架和文件柜，没有任何供欣赏的摆设，也没铺地毯。

办公室西面的墙壁上有 4 个窗户。夏天，整个办公室被太阳烤得烫手烫面。那时没空调，刘少奇穿一件背心办公还汗流浃背。冬天的西北风又透过 4 个窗户往里钻，暖气很难让温度升上来，刘少奇只好穿棉鞋办公。

刘少奇办公有个跷腿的习惯，而普通办公桌的高度又不够，只觉得很不方便。后来，还是他自己出主意，让木工师傅把座椅前、抽屉下的那根靠身横木条和那块隔板挖出一个凹槽来，让那空间正好能容他跷起腿。

身边的工作人员一看到办公桌下的那个凹槽，就觉得不美观，也有几次提出要为他专门设计，定做一张办公桌。

刘少奇却说："重做太浪费了，我要的是实用方便。"

"一国主席呀！客人见了总不好吧。"工作人员总想说服他。

"主席又如何？主席就得在这里做个席位的摆样？"刘少奇摇头道，"我人坐在这里，谁又会注意这里呢。即使看到也无妨，办公桌嘛，方便办公就行了，何必浪费钱买个美观，装个样子。办公办公，为民、为公众办好了事才叫真正的办公呵，不在这工作的样子里，不用考虑定做了！"

刘少奇在中南海的办公桌就这样"特殊"下去了。

他的办公桌上也无奢华摆设。除一盏台灯、一本台历和笔墨纸砚外，全是文件、书刊。但文件和常读的书刊却摆设严格。中央政治局的、中央书记处的，将要讨论的文件都放在办公桌的左前方；秘书新送来的文件，急件随时处理，不急的就放在办公桌的右前方。以上这些文件都放在第一排，其他文件根据内容放在第二排、第三排，一切都排列摆放得整整齐齐。有时因外出几天，桌上的文件存得太多，他就叫秘书按要求去清理一下。每次让秘书清理文件前，他都要认真地交代一番，规定哪类文件一定要请示他以后才能处理。对需要临时保存的机密文件，他都谨慎地放进办公桌抽屉里，以防机密外泄。

刘少奇办公、学习的环境很简单随意，与工作、读书的复杂有序形成鲜明反差，让我们看到了一个领导人的大度与严谨。

55 | "狮子口"鞋

一天，刘少奇和陈毅等在一起商讨问题，刘少奇腿坐麻了，下意识跷起了二郎腿。这下可好，鞋子口露馅了，脚趾头也出来向大家"打招呼"了。

当时，刘少奇是新四军政委，陈毅是军长。素来幽默风趣的陈毅禁不住笑起来："这个政委呀，你好滑稽哟！'狮子开大口'呵！"

原来，大家早见刘少奇穿的这双鞋，不仅鞋帮子和面子都打满了补丁，连鞋尖也早被磨穿了，稍不留心就张开口、露脚趾头。许多同志见了，心里不是滋味，都劝他换一双新的，刘少奇总是摇摇头，谢绝大家的好意。

这回，他又赶紧收回腿，用手捏一捏那"狮子口"，得意地笑："这双鞋跟着我从陕北来到这里，劳苦功高，有感情呗！让鞋匠师傅补一下，还是可以穿的。"

会后，陈毅叫人暗地里量好刘少奇鞋子的尺码，买来了一双新鞋。不几日，陈毅拎来一双新鞋来到刘少奇的住所。一进屋，他就指着刘少奇的"狮子口"，用满口纯正的四川话嚷开了："你看你，不能再'放任自流'了，这可是啥子鞋嘛，都成特制的了，留着进博物馆吧！"

"打了多年交道，老交情了，缝缝补补穿了5年，舍不得丢呀！"刘少奇实话实说。

陈毅冷不防从背后掏出一双鞋，塞到刘少奇手里，说："来，换双新的。"

"不……不，你怎么能这样？"刘少奇不停地推辞，鞋子也掉到地上了。

陈毅想：这么倔，看来要给他点"厉害"。他顿时严肃起来，声音高八度："好，我是军长，现在我以军长的身份命令你，赶快换上这双新鞋。"

了解陈毅说一不二的个性，人家鞋已买来了，刘少奇只好让步："好，你是军长，开口就是命令，我服从你。但你做思想政治工作一点耐心也没有，我不服气。"

"哈哈，我只知道要你换上这双新鞋，服不服气是你的事。"见自己"出招"达到目的，陈毅一个劲地笑了起来，"你看，你的'狮子也在张开大嘴笑话你'咧。"

"哈哈，哈哈。"一个军长，一个政委，像孩子般地面对面地开怀大笑起来。

此后，大家见刘少奇穿上了合适的新鞋，都觉挺新奇。

"政委原来的那双鞋呢？"有人故意向刘少奇打听。

"让军长硬给换掉了。"

"您可舍得呀？"

"军长是下了命令的！"

从此，刘少奇的"狮子口"鞋的故事在全军几乎人人皆知，传为佳话。

刘少奇穿上了陈毅换的新鞋后，那双缀满补丁的旧鞋还舍不得丢。一天，他又要警卫员帮忙，拿去找人修补一下新破开了的洞。

大家看了鞋，都跟警卫员开玩笑："你这是省钱买地，还是省钱娶媳妇呀？"

警卫员脸唰的一下通红，难为情地说："你们都瞎说个啥呀。这是少奇同志的鞋！"

"少奇同志的？"大伙儿一怔，都怪自己不该开那个玩笑。一个保育员赶忙走上前，接过鞋缝起来。一针一线，看着那越开越大的"狮子口"，大伙儿神情严肃、专注，谁都不笑了。

56 | 退补助

"别看少奇同志担任了国家主席，生活也够紧张的。他们两口子的工资加起来尽管有 500 多元，可扣除房租、水、电费和保育员的工资后，剩余部分要支出 8 口人的全部生活费、5 个孩子的学杂费，还要支援亲友。少奇同志抽烟喝茶每月要花去几十元，即便是精打细算，也难以分配。"这是 1960 年的春天，警卫员领回刘少奇工资后，同身边工作人员一块议论着刘少奇的工资开销。

"怪不得少奇同志和光美同志处处要求节俭。"另一位卫士说。

"连孩子们夏天喝点饮料也抠得很紧。有个孩子早就想买辆自行车，但光美同志老说买不起。"保育员说。

"最为难的还是我这个厨师，逢年过节稍一改善，就说超标准了。这样下去首长的身体会受到影响的，我们应该向上级反映一下。"身为厨师的郝苗同志最有体会了。

"应该给少奇同志夜餐费，我们不是都有嘛！少奇同志平时出差从来没拿过差旅补助，这也是不合理的嘛，按规定该有的也应该给人家嘛！"有位同志有点不平了。

卫士长终于插话："你们说的这些过去都提过，可首长和光美同志都不同意要。"

有人提议："像这些生活小事，为什么一定要让他们知道？我看就以夜餐费的名义给他们补助点吧。"大家一致同意这个意见，而且不向他们汇报。后来和警卫局主管刘少奇行政工作的副局长商量，决定每月补助他们30元，每人每天补助5角。就这样开始了补助。

1962年夏季的一天，警卫局的一位领导对毛泽东说，中央几位领导也应该有夜餐费，但他们都不要。现在有的领导同志生活比较困难，准备予以补助。毛泽东说："可以根据具体情况办嘛。总司令和少奇同志、陈云同志，靠他们生活的小孩多，应该补助，我就不需要嘛。"

后来，毛泽东出于对生活困难的同志的关心又在一次小会上提到这件事。

刘少奇回到家里就问王光美："是不是给过我们什么生活补助？"

"我不知道。"王光美惊讶地回答。

"你去查一查看。"刘少奇说。

王光美立即来到卫士组问大家，卫士们以为别人已经告诉她了，瞒也瞒不住了，便照实说："根据国家工作人员工作到夜里12点就应该给夜餐费的规定，我们认为也应该发给你们两个人夜餐费，这样就……"

"别说了，总而言之是补助了。"王光美便打断了卫士的解释，她把情况报告了刘少奇。

刘少奇马上把秘书和卫士长叫去，严肃地批评说："我的生活问题，为什么瞒着我？这些事我过去曾多次说过，通宵工作是我的习惯。一个人每天就是吃三顿饭嘛，白天工作，夜间工作，横竖就是三顿饭，要什么夜餐费？你们可以要，我不要，比我们困难的人还很多，为什么对我额外补助？"

稍停片刻，他又追问："这是谁的主意？"秘书回答说这是大家开会一致同意的。

刘少奇眉头紧锁，提高了嗓门说："开会为什么不让我参加？为什么不报告我？我的生活问题，应该让我知道。我有自己的工资，不能再要国家补助。请你们从补助的那天起到今天为止，算一算共补了我们多少钱，我要退赔，补多少退多少，一分钱也不能少，要把每次退赔的收据给我。"

王光美也说："我们就是节衣缩食也得赔。以后凡是关系到我们的事，不要瞒着我们。开始少奇同志以为我在瞒着他，你们是好心，可却帮了个倒忙。"

后来，工作人员算一下，这样可确实是帮倒忙了：总共补助了两年10个月，每月30元，共计补助了1020元。以后从当月开始每月扣 30 元，同样扣两年 10 个月。这样一来，每个月从退出补助 30 元，再倒扣 30 元，刘少奇一家以后的两年 10 个月里，等于每个月的生活费在原来的基数上降低了 60 元的标准。

从此，再也没有谁敢帮这个倒忙了。

57 | "罢工"的手表

刘少奇经常夜以继日地工作和学习，时常忘记时间。他有一块国产的上海牌手表，虽然不很高档，但质量很不错。因为他专注工作，常常忘记转动手表里的发条。

有一次吃饭时，工作人员第一次喊他，他没有理会，继续埋头工作。

工作人员见首长正忙，一般不便过分打扰。虽然人们常说"人是铁，饭是钢"，但一个国家主席的工作，涉及千千万万人吃饭的问题。刘少奇早就这样向工作人员解释过了，在他面前是工作第一，吃饭不知排第几了。

可饭总得吃，厨房郝苗大师傅将饭、菜热一次后又催了。工作人员不得不再去喊他。这时，他不会看人，只抬起手腕瞄一眼手表，说："谢谢，时间还不到呢！"

工作人员抬头看墙上的挂钟显示时间已到了，心想：是否挂钟又快起来了？手表准确些？还是应以少奇同志手表时间为准？过来打探，又见他手里的工作一时难以放下，就让他继续干一阵子吧，回来对郝师傅说："马上，阅完手头一个文件就吃饭。"

饭菜被端去热了第二遍，又要凉了。工作人员不得不喊第三遍。可刘少奇仍然回答说时间还不到。

"时间过了差不多一个小时了，饭都热了两遍了。难道是挂钟坏了？"工作人员纳闷，看看墙上的挂钟又去看少奇同志手里正握笔专注写文件的样子，嘴里有话却不敢说出声来。郝师傅只好又端去饭菜再热。

"不对，时间已过了一个小时了。饭也热了三遍了？"工作人员不忍心，终于说。

刘少奇听说饭菜热了三遍了，可辛苦了郝师傅。他伸出手腕看看表，也挺纳闷地对卫士说："你看，这不明明不到吃饭时间吗？"

工作人员走近一看他的手表，这才明白过来，原来是他手表上的秒针一动不动，少奇同志却一心想着工作没有注意到。

"你看，手表的秒针没动！不是表出毛病了吧？"

"哟，真的。我忘了上发条了。"刘少奇不得不承认。

这是头一次，后来又出现第二次、第三次……少奇同志的上海牌手表经常"罢工"的事，一传十，十传百，工作人员都知道了。后来，少奇同志戴在手腕上的手表几乎成了装饰品，经常因工作和学习繁忙而没有上发条。

以后，刘少奇出差和出席重要活动、会议，秘书和卫士们都会注意先把他的手表对好时间，上好发条。郝苗师傅也很注意，毕竟手表可以"罢工"，人却不可以"罢饭"呵！

58 | 样样都会的合作社"社员"

刘少奇因患有肠胃病，身体比较虚弱。组织曾安排他在北戴河中直机关招待所疗养。

每次疗养，其实都只是为刘少奇换了个学习和工作的环境而已。虽然让他一时离开了工作繁忙的中南海办公室，却让他在另一个地方不失时机地集中精力学习和开展新的工作。一向书本学习，二向生活学习，三向群众学习。

在北戴河疗养的地方离生产合作社很近。他晚上读书学习，白天就走访社员群众，甚至走进生产队田园亲自参加劳动。

一天，夏日炎炎，他提出要到秦皇岛市北戴河区草厂大队去参加集体生产劳动。由工作人员陪同，他带着家人，一路信步来到了草厂大队队部。

"我想到你们合作社来劳动劳动，可以吗？"刘少奇打听。

队长杨少洲有点不相信自己的眼睛和耳朵。这时，周围的群众中有人认出了刘少奇，大伙热烈欢迎他来指导。刘少奇却坚持要亲自下地劳动。杨少洲也只好同意了他去参加劳动。

来到田间地头，刘少奇上衣一脱，甩开膀子干了起来。干农活他是内行的，在家时翻薯土、插薯秧、耘草、挖薯，样样都会。北方缺雨水，耕作薯的方式虽然与南方有所区别，但大体差不多。

刘少奇同大伙一块翻薯藤，一边劳动一边同大伙聊了起来。

"我们家里种的多是红薯，这是白薯。你们为什么不种红薯呢？"刘少奇故意问。

"只是薯皮颜色的不同吧。我们明年也换换品种。"

"不是这么简单，要因地制宜、因种制宜。这是北方，北方雨水少，我家是南方，南方雨量充沛。白薯抗干旱，红薯喜雨水。"刘少奇解释道。

"首长对种薯也有研究啊？"

刘少奇又说："我们老家爱将薯土翻成细长条的，薯秧任其多长，卧插。这是竖插，土地也翻成一整大块的。知道为什么吗？"

大伙又一时哑然。

"不一样的耕种方式也是因为南北气候差异。翻成细条状的土，水沟多，南方有利于排水。这种板块土有利于蓄水嘛！"刘少奇边说边笑，"南方的线条子土，用卧插式，每隔四五寸下点土木灰作底肥，任长长的薯秧在土床上一卧，秧叶都朝同一方向。再在下有机肥处盖上一抔泥土，以让泥土覆盖肥料为准，人沿着盖泥土的地方，一步一步踏过去，一路向前走。这时，脚走在松土上面用力要匀，不快不慢，不轻不重，不偏不倚，就像武术人练轻功，这走起来可真要见些轻功夫呵。"他爽朗地说笑着，就像回到了年轻时练武功的时候。他还忍不住要向大伙走一路，演示一番。

突然他又停下来解释："脚步轻了，起不到为种薯压土定根的作用；脚步重了，会让土块崩塌、水沟堵塞；脚步走歪了，更起不到一点好作用了。"

"这既是功夫活，又是技术活。首长还真像个老农呢！"大伙干得开心，看得开心，田间地头谈笑风生。

"老农我可算不上。只在小时候同哥哥他们一起种地，学了点。后来上中学了，周末才回家干干农活。离家参加革命几十年，就很少干农活了。真正干好农活不容易，当好一个农民不容易呢。别说农民是老大粗，只是因体力劳动造就了农民的粗手大足，其实农活都是技术活，都很有学问。"刘少奇边干边说，"再说这翻薯秧，为什么要翻，是因为在薯苗长到一定的时候，要把薯藤下的小根根拨翻出来，让它离开土壤，控制薯苗疯长，促使我们需要的果实——地里的白薯长大、长壮实。因此，我们要好好学、用心干，尊重劳动，尊重劳动者，劳动最光荣。"刘少奇越说越来劲，也越说越严肃认真。

刘少奇毕竟平时体力活干得不多，这次又干得非常卖力，不一会儿，他斑白的两鬓不断流淌着汗珠。社员们知道他身体欠佳，还在疗养期，都不忍心，几次劝他去休息，可刘少奇就是执意不肯，还高兴地说："干点体力劳动，对我来说，正是最好的休息呀！"

他又边干边说，从农事的话题转到谈农民的生活、农村的政策……直到大伙都停下活来，他才在地上坐下来歇息，又坐下来聊。

回到大队队部，他又向生产队干部和社员代表了解农村中存在的问题、合作社的利弊。刘少奇向在座的社员们询问："你们都入了社，我也想入社，行吗？"

社员们听到刘少奇要加入自己的合作社，兴奋不已，一个个笑得合不拢嘴："欢迎，欢迎！"

同来的王光美也羡慕起来："我也想入社，不知行不行？"社员们再一次爆发出笑声和掌声表示欢迎。队长杨少洲还特地站了起来，郑重宣布："我代表草厂大队表示热烈欢迎！"

"那好，我们全家一起入你们的社。"刘少奇顿时开怀大笑。

于是，刘少奇、王光美双双成为草厂大队社员。

…………

转眼又到了秋收时节，草厂大队获得了大丰收。广大干部和社员在欢庆丰收之际，没有忘记还有一位远在北京的社员。于是，杨少洲被选举为代表，带上花生和苹果，带上草厂全体社员的心意，来到了中南海，坐进了共和国主席家的会客室里。杨少洲既高兴又紧张。

刘少奇立刻迎出来，紧握杨少洲的手，端详、微笑，似乎又回到了翻薯秧那块地里了。杨少洲这才轻松如初，说："少奇同志，咱村的干部群众，委托我向您汇报来了！"

刘少奇见他还是有些拘谨，幽默地说："我也是你的社员，怎么说向我汇报呢？"

笑声又让他们仿佛回到了劳动的地头。杨少洲心情平静下来，指着桌上的东西说："乡亲们也不知拿点什么东西好，只让我带了点花生和苹果，送给您尝尝。"一提到东西，刘少奇皱了皱眉，不安地说："你来我们欢迎，可不能带东西，这是社员的劳动果实啊！"

杨少洲接话："正因为你是社员，才有应该得的一份。"这可让刘少奇笑得开怀，并表示下不为例。

刘少奇同杨少洲等草厂社员的共处，收获了许多基层的真实情况。如："大跃进"时期，草厂亩产 800 斤，社员生活水平却很低，尤其是在大食堂吃饭，家里锅没了，老人、孩子、病号吃饭怎么办等情况。这都为后来提出"解散公共食堂"提供了可靠的决策依据。

59 | 体贴工作人员

一次，刘少奇去洛阳拖拉机厂参观，医务人员宋雅美知道自己有位朋友留苏回国被分配在拖拉机厂工作，为严守保密原则，她没有随参观队伍下车，始终躲在车上，担心下车后让朋友发现她在少奇同志身边工作。

这件事被少奇同志发现了。他特地请她过来谈话，嗔怪她："你怎么不去看看朋友呢？如果你和他换过来，他到了你单位不来看你，反偷偷躲起来，你会不会生气呢？"

小宋的脸一下子红了，这是首长的批评，更是同志的关心，一种父亲般的体贴，她心里暖洋洋的。

第二天，经少奇同志秘书的安排，她既能不违背保密原则，又能去看望拖拉机厂的朋友。

1964 年，刘少奇到杭州视察，一下车便工作起来。小宋深知少奇同志又在带病工作，也赶紧做好医疗前的准备。突然，警卫员走过来对她说："少奇同志有事叫你进去。"

"您找我吗？"小宋来到刘少奇跟前问。

刘少奇合上文件，关切地对她说："来到杭州了，离你的家不远，回家去看看吧。"

小宋纳闷，少奇同志怎么会知道她的家在杭州附近呢！想了半天才记起，她第一次见到刘少奇时，刘少奇曾问过自己。想不到这点小事，又隔了这么长时间，刘少奇还记得。小宋非常感动。想起刘少奇正带病工作，自己还要给他治疗，她坚决地回答："不，我不回去了。"

刘少奇猜中了她的心思，说："治疗的事不用你操心，让别人做好了。快回去看看母亲吧！"

第二天一早，秘书就按照刘少奇的吩咐替小宋把火车票买好了。拿到火车票，小宋激动得说不出话来。

4个小时的火车，小宋离母亲渐近了，却离工作岗位越来越远了。小宋推开家门，扑在母亲怀里，母女突然相聚，兴奋得热泪盈眶。母女互相抚摸着头发，问长问短。

小宋把火车票送给母亲看，说首长一直记得咱家乡这个小地名，也告诉母亲杭州那边有重要任务，首长正在那带病工作着。母女俩又都牵挂着在杭州工作的少奇同志。

于是，小宋当天下午就告别了母亲，登上了返回杭州的晚班车。

刘少奇见小宋这么快就回来了，奇怪地问："怎么就回来了？该跟你母亲多待些时候啊！"

小宋笑了笑，说："我见到了母亲，她挺好。她说这里工作忙，见见面谈谈就行了，让我马上回来，我就回来了。"

"好不容易回次家，多待几天才对！"刘少奇又说道。

小宋只笑一笑，算是对刘少奇的回答。心里想："您脑海里装着那么多的大事，忙得连西湖风光都顾不上看一眼，却忘不了一个普通工作人员探家的小事。我们也是受党和人民重托，要更好地照顾您的身体才是啊！"

小宋带着满心的欢喜和感激，立即投入医疗工作。

60 | 给英雄的礼物

在一座城市里，有些人最瞧不上的职业是淘粪工。在千万衣冠风流市民中，有些人以为城里最脏的人是淘粪工人。在无数劳动的双手中，大凡伸出来让人最难以接受的是淘粪工人的手。

1959 年 10 月 26 日下午 3 时许，北京人民大会堂湖南厅内热闹异常，刘少奇等党和国家领导人来到了劳模中，一双国家主席的手，在老远就向一位光头的中午男子汉打招呼："这是老时吧！"刘少奇隔老远就伸过手来。他最先要与这位淘粪工人握手，像老朋友久别重逢似的，紧紧握住时传祥的手，久久不放，并关切地问："老时啊，这几年生活过得怎样？清洁队的工人同志工作累不累？"

刘少奇当年 4 月当选国家主席，金秋十月，北京召开"群英大会"。北京市崇文区淘粪工人时传祥以其"宁愿一身脏，换来万户净"的崇高思想和行动，赢得了全社会的尊敬，不仅光荣地被评为"北京市劳动模范"，更是被选为大会主席团成员。刘少奇从会议报到那天开始就一直在关注着这位淘粪工人。

国家主席的一番话让时传祥激动不已。他不由回想起中华人民共和国成立前，一年到头过的是"吃马路，睡马路，铺着地，盖着天，脑袋枕着半块砖"的非人生活，还被人骂"屎壳郎""夜猫子"。今天却坐着"中国第一车"来到人民大会堂开会，还受到中央领导的亲切接见，时传祥怎么能不激动啊！

时传祥一时说不出话来，那双自以为卑贱的手却还被刘少奇紧紧握住不放，温暖传遍全身。

说话吧，主席正在问自己呀。时传祥在一次次地敦促自己，终于开口说道："我们现在的生活过得挺好，大家的干劲可足了。过去我们是用轳辘粪车一车车拖，平均每人一天才拖8桶粪；现在改成汽车运，平均每人每天可背93桶半，工作效率高多了。可大家并不满足这些成绩，还在暗暗较劲，要为社会主义建设多出几把力。"

这个老工人的话乐得刘少奇情不自禁地哈哈大笑道："好啊！大家的干劲够足的啦！可是，光你们自己先进还不行，还要加把劲把全北京城的清洁工都带动起来才行。"

刘少奇同时传祥边走边说，又拉他在自己身边坐下，又打听他的学习情况："老时呀，过去淘粪工人很少识字，你们现在学习没有？学得怎样？"

时传祥如实汇报："过去我们识字很少，中华人民共和国成立后由于领导的关怀，成立了业余学校，现在一般的都达到了高小程度，能看报和写信。就我差点儿，只认识二三百字，连自己的名字还写不好。"

"老时啊！一个先进工作者，一个共产党员，光工作好不行，各方面都得好。我们的事业越来越发达，没有文化哪行？我这么一把年纪了，现在还照样学习哩。你才45岁吧，时间还不晚，以后要好好学习。"刘少奇批评加鼓励，并向时传祥交了任务，"过阳历年的时候给我写封信，好吗？"

还不见时传祥点头答应，刘少奇掏出一支英雄牌钢笔送给了这位淘粪工人。接过这份主席赠送的珍贵礼物，品味刘少奇那番亲切的话语时，时传祥热泪盈眶。

"我们在党的领导下，都要好好为人民服务，你淘大粪是人民的勤务员，我当国家主席也是人民的勤务员，这只是革命分工不同，都是革命事业中不可缺少的一部分。回去之后，要更好地为党工作，为人民服务，不要骄傲自满，要和大家团结一致，把我们的首都建设得更美好。"这是刘少奇临别前送给时传祥的一番话，也是在勉励自己。

听到刘少奇的话，时传祥全身充满动力，从此更加努力工作，"宁愿一身脏，换来万户净"，同时挤时间加紧学习知识。

1960年元旦节前夕，经过3个月的努力，他果真亲手用那支英雄牌的笔给刘少奇写信了。尽管只有寥寥几句，字迹歪歪斜斜，但淘粪工人对刘少奇那份诚挚感情跃然纸上。这位普通工人身上的那种较真的性格，还有劳动者质朴而又美丽的心境让刘少奇兴奋不已。王光美在一旁禁不住好奇地问："是谁的信让你这么高兴？"

"哦，那个淘粪工人时传祥，原来他连自己的名字都写不好，现在给我写信来了，能不高兴吗？"

刘少奇这次不寻常的握手，后来让他们两个家庭的成员，甚至子孙后代的感情都紧紧相连。

一次握手，留下一段领导干部与劳动人民、国家主席与淘粪工人、高层深院与平民小家之间情相牵、心相连、命运相济、人人平等的人间佳话。

61 | 主席的钱柜

王光美下基层参加"四清"运动去了。

刘少奇把家里一个很旧的，大约 30 厘米长、20 厘米宽、10 厘米高的小木头盒子交给秘书。他指了指放在办公桌上的一个小盒子说："光美把它交给了我，我再把它交给你了。"

秘书走近小木盒子，不知道里面藏了什么宝贝，便抚摸着问："这是什么贵重物？我能保管？"

"是什么你打开看看。现在要请你办这些事了。"刘少奇说。

秘书感觉这东西太贵重，不敢轻易打开看。

刘少奇见秘书迟疑，又说："那你猜猜吧？"

接着，刘少奇又干脆直说了："告诉你吧，这是我们家的钱柜。里面还有些票证吧，我都不看了，你拿去看一看，该用的时候就从里面取。"

刘少奇见秘书还拘束，就干脆把盒子交到秘书手中。"以后就由你处理了。"他吩咐道，"有一件事要提醒你。光美走时留下一个开支单子，每个月发了工资，你就照她那个单子分配一下。等她回来后，你再向她交账。"

原来是钱柜，秘书端着盒子笑了："让我当家可以，但我得先搞清柜里到底有多少钱。不然将来向光美同志交账时说不明白，我岂不成了四不清干部了。"

"那你打开清点一下吧。"刘少奇也被逗笑了。

秘书打开盒盖，愣住了，只见里面多是针头线脑、衣扣，一颗只剩一个孔的半边衣扣，还有大把花花绿绿的票证，钞票却没有几张。这哪是钱柜呀，分明是个杂物盒。

秘书把所有的钱币集中起来，钱币和硬币加在一起，总共只有23.80元！

刘少奇又坐在办公桌上看文件了，听秘书报了钱数，便"嗯"了一声。他显然没在意。

秘书连忙捧着钱柜回了自己的办公室。她从盒子里找出了那张开支单，那是光美亲笔写下的。

每月拿到工资后，请按下列数额分配：

1. 给卫士组 100 元，为少奇同志买烟、茶和其他日用品；

2. 给郝苗同志（厨师）150 元，全家人的伙食费；

3. 给赵叔君同志（保育员）工资 40 元；

4. 给外婆（王光美母亲）120 元，作为五个孩子的学杂费、服装费和其他零用钱；

5. 少奇同志和我的党费每月交 25 元（当时刘少奇每月交 20 元党费，王光美交 5 元，超出规定好几倍）；

6. 每月的房租、水、电等费用需 40 元。

根据开支单，秘书算了一下，每月的固定支出是 475 元多，而当时两人的工资总共是 500 多元。刘少奇又经常从中拿出一部分钱资助有困难的亲戚朋友，这样他家的钱自然所剩无几了。其中，粮票、布票、工业券、副食本等票证，刘少奇只是供他掌握经济情况用的。小小票证是他对国家经济发展一目了然的"晴雨表"，也让他能看到人民生活水平变化。

秘书捧着钱柜，捧着国家主席不足 30 元的家底，感慨万千！

62 | 不朽的战士

1969 年 11 月 12 日 6 时 40 分，因抢救无效，刘少奇在河南逝世。

天道昭昭。打倒"四人帮"之后，1980 年 2 月，中共中央组织专案组对刘少奇同志的案件进行复查，刘少奇同志得到平反昭雪。

1980 年 5 月 17 日，首都北京在人民大会堂建成 21 年之后第一次举行追悼大会，也是第一次在大会堂举行万人规模大会，追悼刘少奇同志的丰功伟绩。

邓小平代表中共中央在悼词中说："今天，我们怀着无比沉痛的心情，悼念伟大的马克思主义者和无产阶级革命家刘少奇同志。刘少奇同志为共产主义事业战斗了一生。他是受到全党和全国各族人民爱戴的、久经考验的、卓越的党和国家领导人。……和毛泽东同志、周恩来同志、朱德同志一样，刘少奇同志将永远活在我国各族人民的心中。"

1980 年 5 月 19 日上午 12 时，遵照刘少奇生前遗嘱，他的骨灰在隆重的 21 响礼炮、20 万群众肃立等国葬礼仪接送中，由 4 架银色战斗机带到山东青岛港湾。在飞机低空盘旋几周表示哀悼后，护航前进，由王光美领子女们将刘少奇的骨灰撒向大海……

刘少奇——伟大的忠诚的共产主义战士，永垂不朽！

主要参考书目

1. 中共中央文献研究室 . 刘少奇年谱（1898—1969）［M］. 北京：中央文献出版社，1996.

2. 中共中央文献研究室 . 刘少奇传［M］. 北京：中央文献出版社，1998.

3. 刘少奇 . 刘少奇选集［M］. 北京：人民出版社，1981.

4. 陈绍畴 . 刘少奇研究述评［M］. 北京：中央文献出版社，1997.

5. 中共中央文献研究室科技部图书馆 . 刘少奇人生纪实［M］. 南京：凤凰出版社，2011.

6. 于俊道 . 刘少奇实录［M］. 北京：中国工人出版社，2012.

7. 唐振南 . 毛泽东与刘少奇［M］. 长沙：湖南人民出版社，2003.

8. 黄祖琳 . 青年刘少奇［M］. 北京：中央文献出版社，2012.